Líder por Amor

Angelo Otavio

Líder por Amor

Família, trabalho, sonhos e conquistas

3ª edição

figurati

São Paulo, 2023

Líder por amor – 3ª ed.
Copyright © 2023 by Angelo Otavio
Copyright © 2023 by Novo Século Ltda.

EDITOR: Luiz Vasconcelos
COORDENAÇÃO EDITORIAL: Silvia Segóvia
PREPARAÇÃO: Deborah Stafussi
REVISÃO: João Campos
DIAGRAMAÇÃO: Raphael Chiacchio | Abreu's System
CAPA: Ian Laurindo

Texto de acordo com as normas do Novo Acordo Ortográfico da Língua Portuguesa (1990), em vigor desde 1º de janeiro de 2009.

Dados Internacionais de Catalogação na Publicação (CIP)
Angélica Ilacqua CRB-8/7057

Otavio, Angelo
    Líder por amor : família, trabalho, sonhos e conquistas / Angelo Otavio. – 3. ed. – Barueri, SP : Figurati, 2023.
    256 p.

    ISBN 978-65-5561-633-0

    1. Desenvolvimento pessoal 2. Liderança I. Título

23-4981   CDD 158.1

Índice para catálogo sistemático:
1. Desenvolvimento pessoal

Alameda Araguaia, 2190 – Bloco A – 11º andar – Conjunto 1111
CEP 06455-000 – Alphaville Industrial, Barueri – SP – Brasil
Tel.: (11) 3699-7107 | E-mail: atendimento@gruponovoseculo.com.br
www.gruponovoseculo.com.br

Sumário

Os motivos 7
Os medos 8
As dúvidas 9
Os agradecimentos 11
Introdução 13

1. O homem da minha vida – líder nato 17

2. O começo do fim – líder frustrado 45

3. Luz no fim do túnel – líder motivado 53

4. A vitória do fracasso – líder compreensivo 79

5. Novos horizontes – líder renovado 89

6. Máquina de xerox – líder inquieto 105

7. Carreira solo – novos líderes 115

8. De volta às origens – recomeço com o líder nato 125

9. Decisões novas de dúvidas antigas – líder solitário 135

10. Carreira solo – liderança compartilhada 139

11. Do Carnaval ao empresarial – líder social 143

12. Entrar é fácil, difícil é se manter – líder convincente 155

13. Palestra debutante – líder despreparado 163

14. Mais uma mudança em vista – líder camaleão 173

15. Divisor de águas – afirmação como líder 181

16. Profissional do futuro – líder moderno 191

17. Líder por amor 235

Mensagem final 247
Referências bibliográficas 253

Os motivos

AO PENSAR EM ESCREVER UM LIVRO, OU PELO MENOS TENTAR escrever, muitas ideias me vieram à cabeça, ideias sobre a minha formação como educador físico, em que eu poderia levar dicas saudáveis às pessoas e aos trabalhadores, falar sobre ginástica laboral, ergonomia e boa postura no ambiente de trabalho. Também pensei em tópicos relacionados à gestão de pessoas, algo muito necessário hoje em dia. Pensei, ainda, em relacionamentos dentro das hierarquias, processos e setores do trabalho, ou até mesmo em escrever algo sobre as minhas próprias experiências como gestor e prestador de serviços em várias empresas de diversos ramos de atuação. Porém, o meu maior sonho e propósito era escrever algo que pudesse transpassar a leitura e servir como exemplo prático e motivacional para que os leitores usassem essas experiências como ferramentas de apoio para enfrentarem seus desafios pessoais e profissionais mais intensos, como eu enfrentei e continuo a enfrentar todos os dias da minha vida. E foi esse o motivo que me fez acreditar na grandeza da real possibilidade desse desafio, pois não seria apenas escrever, mas, sim, como escrever, como conseguir chegar ao interior das pessoas com clareza e de forma genuína.

Os medos

Em vários momentos, bem antes de começar a escrever, deparei-me com diversos medos, como a dificuldade com a língua portuguesa, pois nunca fui um bom aluno nessa matéria e nem mesmo um leitor exemplar, mas, com a ajuda de uma excelente equipe técnica, isso foi superado, uma vez que sempre acreditei que o trabalho em equipe supera os obstáculos mais temidos, e, nesse caso, escrever um livro sem falhas ortográficas seria o mais severo deles. Outro medo era o de esquecer alguém, algum fato ou momento marcante, mas isso também não seria tão ruim, pois com certeza devo ter esquecido várias pessoas, lugares e alguns belos bons momentos, mas certamente tudo de que me lembrei foi escrito e feito com o coração aberto, a mente limpa e uma aura cheia de bondade. Por isso, tenho certeza de que serei perdoado por alguns lapsos. Até mesmo porque a minha principal intenção ao escrever este livro é fazer o possível para chegar em pessoas que talvez nunca vá conhecer, pessoas que irão usufruir das minhas experiências para se transformar em multiplicadores de bem-estar, promotores de seres humanos melhores.

As dúvidas

Uma grande dúvida que me gerava até um apavoramento era um pensamento quase diário e inquietante, acredito que de todos os humildes "quase" escritores (assim como eu): o receio de não conseguir transmitir em palavras todas as minhas emoções, momentos, situações, experiências, erros, acertos e lições, porém me fortaleci novamente com as palavras de incentivo dos meus colegas de profissão, amigos, funcionários, parceiros e, principalmente, minha família, em especial minha esposa amada e meus filhos queridos, pois foram eles que sentiram minha ausência por muitas noites, que me confortaram em muitos dias conturbados, e, é claro, foi por eles que consegui chegar até aqui, sempre ouvindo as frases: "Você precisa escrever um livro", "Você precisa dividir esses ideais", mas a melhor delas vem dos meus filhos: "Você consegue, papai".

Acho que esse é o trabalho de um escritor ou de quem tem a vontade de tentar dividir momentos e experiências, sejam eles reais ou imaginários. Escrever para que outros sintam e se sensibilizem é uma tarefa árdua, porém extremamente gratificante.

Os agradecimentos

Agradeço a Deus por tantas oportunidades em minha vida profissional e pessoal; a todos os líderes que passaram pela minha curta trajetória profissional até este momento, os quais foram as principais referências desta obra; a todos os meus colaboradores e parceiros que acreditam nos meus ideais; a todos os meus familiares, que sempre me transmitem ótimas energias; e, é claro, aos meus pais e irmãos, pela educação e amor que recebi desde sempre.

Em especial, quero agradecer muito à minha esposa e aos meus filhos amados, sem vocês nada disso teria acontecido e é por vocês que muitas coisas ainda vão acontecer.

Quero agradecer também, com muito carinho, a todos os meus alunos dos cursos que já promovi e aos espectadores das inúmeras palestras que já ministrei, pois, no fundo, vocês foram os maiores responsáveis por esta obra, já que me incentivaram, motivaram e desafiaram todas as vezes que, entre um abraço e uma foto, me perguntaram:

"Onde eu encontro mais sobre esse assunto?".

Introdução

Atualmente, me vejo no auge da minha carreira, na plenitude da minha vida profissional, muito equilibrado financeiramente, posso até dizer que vivo com mais do que sempre imaginei.

Sinto-me muito bem fisicamente, pratico esportes, tenho a possibilidade de praticar o *hobby* que mais amo com certa frequência e sem dores no dia seguinte.

Sou um marido apaixonado e, diga-se de passagem, muito bem casado, com uma das mulheres mais lindas que já conheci, e ainda sou retribuído com o seu amor.

Um pai totalmente pirado pelos filhos, um casal impressionantemente educado e amoroso, que sente imenso prazer em simplesmente ficar à toa em casa comigo.

Eu me dou muito bem com meus irmãos, sempre que podemos estamos juntos nas datas comemorativas e, quando um de nós precisa de ajuda, nos unimos ainda mais.

Tenho minha mãe como exemplo de mulher e me esforço todos os dias para ser um exemplo de filho para ela.

Já não tenho mais avós e pai, mas posso garantir que, enquanto eles estavam aqui, curtimos cada minuto "juntos e misturados".

Tenho tios, primos e até afilhados, e, sempre que possível, falo com todos, tenho até uma tia que chamo de segunda mãe.

Tenho muitos amigos, tanto de infância como aqueles que a vida nos traz, seja pelo trabalho, pelo futebol do clube ou até mesmo por serem pais dos amigos dos meus filhos.

Comando uma empresa com muitos funcionários, alguns se tornaram da família e muitos me admiram, assim como eu a eles.

Faço praticamente tudo o que desejo e ainda amo trabalhar, pois faço o que me dá enorme prazer, alegria e satisfação.

Por esta introdução, posso afirmar ser esse "Líder por amor", não?

Na verdade, estou me esforçando para me tornar um, pois fui privilegiado em conhecer o maior de todos os "Líderes por amor" de que eu já ouvi falar. Sim, o primeiro e o mais importante de todos os líderes que passaram pela minha vida, com quem eu mais aprendi e em quem eu me espelho e sonho em me tornar um dia, no mínimo, parecido com ele.

Convido você, meu caro leitor, minha cara leitora, a conhecer o maior líder da minha vida, aquele que me ensinou tudo em que eu acredito, que foi otimista com minhas fraquezas e duro com minhas virtudes, aquele que me desafiou a ir além, que comemorou comigo cada pequena conquista, que não esteve apenas na retaguarda ou na linha de frente, mas sempre ao meu lado, pois queria que eu aprendesse, me superasse, me fortalecesse, e, para isso, sabia que eu precisava cair, levantar, sorrir e chorar, enfim, precisava "SENTIR".

No início, eu achava que era apenas um *líder nato*, mas, com o tempo, percebi que ser líder tem a ver com AMOR, e só existe um tipo de líder: aquele que *AMA o que faz, e AMA fazer com AMOR*.

> "A única forma de se fazer um ótimo trabalho é amar o que você faz. Se você ainda não encontrou o que é, não sossegue."
>
> *Steve Jobs, cofundador da Apple*

Existem, sim, vários perfis de líderes, e, assim como na trajetória acadêmica, em que, para se conseguir um doutorado, é preciso antes conquistar um mestrado, e para conseguir um mestrado é necessária antes a graduação, para se formar um bom líder também será necessário galgar alguns degraus, pois antes da sua formação técnica vem a sua vocação, e antes da vocação vêm os seus princípios e valores, e, antes de tudo, vem a compreensão do AMOR.

> "O amor é uma atividade, e não um afeto passivo; é um 'erguimento', e não uma 'queda'. De modo mais geral, o caráter ativo do amor pode ser descrito afirmando-se que o amor, antes de tudo, consiste em dar, e não em receber."
>
> *Erich Fromm, psicanalista, filósofo e sociólogo alemão*

Amar é uma escolha, alimentada pelo comportamento dentro de uma relação, no ato de ouvir, no diálogo franco, no gesto de gentileza, na educação e no respeito mútuo. É um desejo inegociável de fazer o *bem*, às vezes sendo duro com quem se ama e gentil com aqueles de quem divergimos.

> "Ser líder por amor é mais do que TER estudado ou trabalhado o tema, é SER um exemplo de altruísmo e integridade – unindo três virtudes: humildade, vontade e muito amor."
>
> *Angelo Otavio, aprendiz de "Líder por amor"*

Liderar significa ter a capacidade de influenciar pessoas por meio da competência, da responsabilidade e do amor.

Atitudes amorosas do líder fazem com que ele se sinta comprometido com o sucesso de seus liderados, porque a essência está no doar o melhor de si: quem ama lidera; quem não ama apenas chefia.

Seja um exemplo de liderança, seja um líder por amor!

Boa leitura!

1
O homem da minha vida – líder nato

O PRIMEIRO E O MELHOR HOMEM DA MINHA VIDA EU CONHECI quando tinha mais ou menos três ou quatro anos de idade. Ele já me conhecia desde o meu primeiro choro neste mundo, mas essas são minhas primeiras lembranças nítidas quando busco no meu banco de dados "Memória afetiva da infância". Lembro-me de que foi nessa fase da minha infância que comecei a me questionar e também a questioná--lo, querendo saber o que ele fazia em seu trabalho, por que muitas vezes não dormia em casa, o que ele fazia quando estava sozinho, se sentia saudade de mim assim como eu sentia dele, enfim, um misto de curiosidade e dúvidas, mas sempre com muita admiração.

Lá pelos meus seis anos de idade, ele começou a me responder tudo isso na prática, pois passou a me levar com ele ao trabalho, quando podia, é claro, e, quando penso nessa época, rapidamente meu banco de memórias processa lembranças insubstituíveis, nas quais eu visualizo a imagem de um homem forte, viril, ágil e muito agitado, comandando vários funcionários e com muitas responsabilidades, sempre correndo para que tudo saísse certo e todos os prazos fossem cumpridos. Muitas vezes ele precisava se ausentar do lar para honrar seus compromissos, trabalhar aos finais de semana para bater metas e sanar as necessidades pessoais e financeiras de sua família. Já viram ou conheceram alguém assim?

Acredito que esse perfil já esteve presente na vida de muitos. Na minha foi com uma intensidade e força avassaladoras. Uma imagem marcante e viva até hoje na minha memória é a desse homem subindo uma escada estreita, de degraus altos, sem corrimãos, que levava os funcionários até a casa das máquinas de projeção, e ele, com muita pressa, andando com passos largos e firmes, carregava no ombro direito três ou quatro embalagens redondas de alumínio apoiadas com muita habilidade em apenas uma das mãos, pois a outra estava colada ao corpo, cheia de documentos. Antes de subir, ele me via brincando com os carrinhos de ferro de miniatura da marca *Matchbox*, os quais ele sempre me presenteava após suas viagens à capital, pois só lá eles eram encontrados, e era um luxo tê-los naquela época – no final da década de 1970.

Ao me ver sentado ali no chão, brincando ao lado da escada, apenas com um olhar e um sorriso discreto (com o buço suado como sempre ficava), eu entendia que ele estava com muita pressa, pois aquela encomenda deveria ser entregue o quanto antes, mas logo voltaria para me ver. Eu entendia na mesma hora a importância de sua movimentação e não me sentia em nenhum momento abandonado ou que tinha ficado em segundo plano. Continuava ali por mais de trinta minutos sozinho, e de vez em quando algum funcionário passava e me perguntava: "Tudo certo aí, garoto?". Eu apenas sinalizava que sim com a cabeça. Mais alguns minutos se passavam, o som que vinha das máquinas do andar de cima era ritmado e constante, e ao fundo eu podia ouvir os clientes gritando de medo após um silêncio profundo. Eu mal conseguia brincar direito, pois aquele misto de sentimentos começava a me incomodar.

Quando eu já estava prestes a não segurar mais o choro, pelos mesmos degraus altos daquela escada estreita, agora bem mais lento e apoiando as mãos nas paredes laterais, ele descia já com um sorriso no rosto e um semblante bem mais sereno.

O meu ídolo e fonte de todas as minhas melhores inspirações, o homem versátil à frente do seu tempo, empreendedor corajoso e destemido, apaixonado pela oitava maravilha do mundo, formado em Educação Artística e Desenhos Geométricos, desde muito cedo começou a trabalhar nos bastidores das salas de projeção de cinemas do interior paulista. Com apenas 22 anos já era proprietário da sua primeira sala e, mais tarde, aos 30 anos, era dono de mais quatro cinemas espalhados em municípios do sudeste paulista, e a cidade sede dessa modesta rede de entretenimento era a minha tão amada cidade natal, Capão Bonito (SP).

Foram anos de sucesso, liderando uma numerosa equipe de funcionários, que atuava na bilheteria, na portaria, no baleiro – como chamávamos na época as bombonieres de hoje –; os lanterninhas, como chamávamos os fiscais de sala, que hoje nem existem mais; os cortadores, responsáveis por emendar os filmes quando estes se rompiam, profissão também extinta com a chegada dos projetores digitais; os projetistas, os seguranças, o pessoal da limpeza, enfim, todos os colaboradores daquela instituição maior chamada Cinema. Na áurea época de sucesso dos cinemas do interior, ele chegou a ter uma sala na cidade de Itararé, no interior de São Paulo, que faz divisa com o norte paranaense, com capacidade para mil lugares; hoje em dia, as maiores salas de cinema dos shoppings não passam de 500 lugares, mas o mais espantoso é pensar que, num filme de lançamento nacional, essa e outras salas gigantes eram lotadas com extrema facilidade, com sessões extras ao longo da programação, muitas vezes assistidas pelas mesmas pessoas, pois o protagonista não era apenas o filme, mas todo o ambiente mágico que pairava sobre aquele universo lúdico, fascinante e estimulante.

Foram anos vivendo como espectador desses momentos, ouvindo, sem entender a fundo muitos detalhes, as longas conversas entre aquele jovem empresário e seus funcionários, fornecedores, credores e tantos outros, mas, sem sombra de dúvidas, as principais conversas e as mais importantes eram entre ele e minha mãe. Quantas e quantas noites demorei a dormir, e em muitas delas me esforçava para ficar acordado, pois adorava ouvi-lo contar cada detalhe do seu dia, como se fosse um relatório ao chefe, porém muito diferente dos que presencio nas empresas em que presto consultoria hoje em dia, pois era feito com muito amor e sinceridade, e, o melhor de tudo, sem cobranças, com leveza e prazer para ambos, ou melhor, para todos nós, já que eu era o espectador oculto daquelas longas conversas, que para mim soavam como um roteiro de mais um filme de sucesso.

Lembro-me como se fosse hoje das proezas necessárias para que o filme (película de 70mm, o maior glamour da história das grandes projeções) chegasse a tempo para o início da sessão. Era uma correria danada, com o transporte precário, estradas horríveis e a má vontade das companhias de distribuição dos filmes da capital paulista, pois, para eles, o interior era o plano B, ficava em segundo lugar, mas aquele *líder nato* e exemplo para seus liderados sempre dava um jeito, sempre encontrava uma solução.

Naquela época, eu não tinha muita noção, mas estava diante de um símbolo vivo de proatividade, aquele que dirigia, conduzia, realizava, aquele que nunca gritava, nem ao menos se exaltava, aquele que tinha que resolver e resolvia. Cuidar da logística nos dias de hoje já é um grande exercício para os profissionais especializados desse setor; imagine, então, nas décadas de 1970 e 1980, em que não havia celular, e-mail, aplicativos de mensagem instantânea... Quantas vezes o ouvi se justificar com sua equipe, dizendo a frase: "Se eu tivesse como, avisaria a todos que eu iria atrasar com o filme", pois muitas vezes a companhia de distribuição não havia despachado o filme via transportadora (ônibus), e ele, sem pensar duas vezes, pegava seu automóvel particular, que na época era o carro do ano, um Fusca, e corria até a capital, que ficava a mais ou menos 250 km daquela praça, para retirar pessoalmente o filme que seria exibido naquele mesmo dia, na sessão de estreia, às 19h30 (horário nobre).

Porém, com todos os transtornos que essa logística causava naquela época, a primeira sessão poderia ter que ser cancelada e o dinheiro devolvido aos clientes, mas a sessão das 21h estaria garantida. Para muitos, a missão estava cumprida, mas não para aquele líder inquieto, ele nunca aceitaria que aqueles clientes ficassem sem assistir ao filme naquela noite, afinal não poderiam transferir seus bilhetes para a segunda sessão, em que todos os lugares também já haviam se esgotado com antecedência; para ele, era muito doloroso viver aquela situação, mas o que mais me chamava a atenção é que não tinha nada a ver com lucro monetário, e sim com a falha operacional, que, mesmo sendo iniciada por terceiros, para ele, era como se ele mesmo tivesse falhado por não chegar a tempo para aquela sessão, ou por não conseguir se comunicar com a equipe. Com esse sentimento de frustração tão profundo instalado no peito, ele programava uma sessão extra no dia seguinte e convidava todos que haviam perdido a sessão de estreia para voltarem sem nenhum custo e com direito a pipoca de graça, como forma de compensação.

Esse sentimento era real e me serviu, e serve até hoje, de inspiração, pois era algo muito maior, maior até mesmo que o compromisso com suas metas e objetivos, pois estava relacionados aos seus valores, à sua missão e ao seu propósito, o que nós chamamos hoje de *"manifesto"*, que era promover entretenimento e elevar o nível cultural da população local, de cidades pequenas e com poucos incentivos à cultura.

Imagine se em todas as nossas ações corporativas esses valores fossem sempre exaltados e respeitados, com certeza não precisaríamos mais divulgar nossas crenças, pois elas estariam sempre vivas no cotidiano de todos os envolvidos, por isso, tenho o maior orgulho de ter vivido os melhores anos da minha vida ao lado do melhor *"Líder nato"* que já conheci, o sr. João Sennen Blóes, meu amigo, mentor e amado pai.

Líder nato, intuitivo e com o dom da percepção à flor da pele, rapidamente percebeu que conquistaria seus seguidores com seu exemplo, e não apenas com suas palavras. E isso não valia apenas para aquelas pessoas que eram necessárias para que ele alcançasse seus objetivos, mas sim para todas que compartilhavam e entendiam o motivo daqueles esforços. Para tanto, nunca perdia o controle, era sempre determinado, firme, e ao mesmo tempo calmo, atento aos detalhes, perseverante com as possibilidades de melhorias. Não aceitava o erro com facilidade, mas assumia as falhas operacionais e comandava as mudanças quase que imediatamente. Tinha uma visão ampla da situação e vivia o presente intensamente, sempre atento para não cometer os mesmos erros do passado e com um olhar para novas possibilidades num futuro próximo.

Em seu primeiro ano como empresário e proprietário, enfrentou o desafio de muitos jovens empreendedores. Como havia arrendado um cinema que já existia e acordado com o antigo dono que manteria os funcionários antigos, se deparou com um grave problema: os funcionários subestimaram o seu poder de liderança e comando, e, como forma de afronta, começaram a faltar no serviço sem avisar, fazer as tarefas com desdenho, não cumpriam os combinados e nem seguiam suas ordens, pois tinham certeza de que eram insubstituíveis, porém não contavam com as habilidades desse *Líder moderno*, à frente do seu tempo, que, diante dessa situação, reagiu rapidamente, criando um organograma hierárquico e um plano de sucessão, no qual treinava os funcionários para mais de uma função. Além disso, aprendeu todas as funções e tarefas, tornando-se o substituto de todos, na linguagem atual das grandes empresas, um "folguista". Conforme o esperado, o problema se resolveu e a equipe se rendeu às mudanças, entendendo que esse novo líder era parte da equipe e um facilitador, não um concorrente ou um agitador de mudanças sem propósito.

Líder por poder x Líder por autoridade

Essa é a diferença entre o Líder por poder e o Líder por autoridade. O primeiro comanda usando a pressão do medo, da sua força de superior hierárquico, com as famosas frases "faça isso, senão...", "é desse jeito e pronto", "eu estou mandando" e a mais conhecida de todas: "manda quem pode, obedece quem tem juízo". Já o segundo sabe o que está fazendo e mostra como se faz, pois é uma autoridade técnica e moral no assunto, é aquele que, mesmo depois da aposentadoria, continua trabalhando, mas não por necessidade, e sim porque conhece demais aquela atividade e sente prazer em ser produtivo. Quando algo dá errado, o líder por autoridade pergunta: "o que pode ter acontecido?" ou "o que deixamos de observar?". Já o líder por poder perguntaria: "quem errou?". Um quer achar o erro para assim entender, avaliar e refazer o processo, ou seja, aprender com o erro. Já o outro quer encontrar um culpado e aplicar a gestão de consequência, pois, na verdade, não quer assumir a responsabilidade pela falha.

Além dessa visão prática para resolver os problemas, meu pai era idealizador de grandes projetos. O primeiro de muitos aconteceu no início da década de 1980, quando, em tempo recorde, reformou e reinaugurou uma sala de 250 lugares, com um *layout* moderno e arrojado, para não dizer muito diferente das salas daquela época. Pintou todas as paredes de verde-escuro, revestiu pontos estratégicos com espumas para abafar o som, posicionou uma luz indireta nas paredes com arandelas muito modernas (imagine se ele tivesse conhecido as lâmpadas de LED), contratou marceneiros e tapeceiros da capital para fabricar poltronas semirreclináveis de madeira e com estofados de couro na cor vermelha, colocou piso de carpete para melhorar ainda mais a acústica. Essa preocupação com a acústica era um dos motivos da reforma, já que havia sido comprado um som importado (italiano) com sistema estéreo, de última tecnologia e com muita potência.

O filme escolhido para a reinauguração não poderia ter sido mais apropriado para o momento: *Terremoto* (da Universal Pictures e com direção de Mark Robson). As paredes tremiam, o coração acelerava e parecia que o próprio abalo sísmico ocorria naquele momento. Foi delirante e indescritível ver o sentimento de alegria misturado com dever cumprido em seu rosto; essa era também a resposta para muitos que o chamavam de louco ou que duvidavam das suas intenções, era o reconhecimento ao inovador, empreendedor, sonhador, aquele que se satisfaz pelo sucesso chamado de "realização".

Cinema na praça e teatro no cinema

Nessa mesma década, ele foi o primeiro desbravador a projetar sessões de cinema em praça pública, a céu aberto e gratuitamente, nas cidades pequenas da nossa região onde não havia cinema, mas, claro, com suas condições bem explícitas:

1º) Alinhar os detalhes operacionais e a segurança do evento com a Prefeitura local, a qual também deveria assumir as despesas com a logística e a montagem da cabine de projeção.

2º) Também ficava a cargo da contratante (Prefeitura) fazer a divulgação nos bairros distantes e carentes e, ainda, disponibilizar transporte gratuito para essas pessoas.

3º) E a última e mais nobre exigência: projetar apenas filmes nacionais, de forma a valorizar e incentivar os talentos do nosso país, mas também permitir que os analfabetos ou aqueles com dificuldades de acompanhar as rápidas legendas vivessem na íntegra as experiências que essa maravilha pode proporcionar.

Em outro momento, resgatou o teatro para dentro do cinema. No lugar dos *trailers* internacionais, antes de cada filme cedia o palco – comum nas salas daquela época – em frente às telas gigantes para atores, humoristas, poetas e até mesmo aventureiros locais (amadores apaixonados por arte), para que apresentassem seus atos e esquetes teatrais que, de uma maneira ou outra, sempre animavam, divertiam ou pelo menos distraíam o público, e em alguns momentos eram indispensáveis até o filme chegar da capital, estratégia criada por ele após alguns atrasos e sessões canceladas, como já comentei anteriormente.

Ele criou também as sessões VIPs, que na época eram sessões feitas em horários especiais, com um número reduzido de ingressos à venda, acompanhadas de guloseimas diferentes e alguns outros caprichos. Dava um trabalho danado montar tudo do jeito que ele queria, mas era um sucesso de vendas. Tudo isso me fez acreditar cada vez mais em suas ideias, projetos e sonhos. Hoje vejo com clareza que todos os nossos objetivos e metas precisam nascer de um sonho; como diz meu amigo, ator, comediante e palestrante Marcelo Marrom: *"Não durma antes de sonhar"*.

Aqueles momentos foram as melhores aulas que eu já tive na vida, eram situações de puro empreendedorismo, em que o idealizador colocava em prática suas ideias, projetos e perspectivas, sempre em busca do equilíbrio da receita e harmonia entre todos os envolvidos, pois naquela época a palavra valia muito e tudo o que se prometia era cumprido, mas também tudo o que não se entregava era cobrado e

gerava uma consequência, e essa foi minha primeira aula sobre ganha-
-ganha, já que negócio bom só é bom se ambas as partes estiverem satisfeitas.

Essa regra está escassa nas relações trabalhistas de hoje em dia, em que levar vantagem sobre alguém, algo ou situação parece gerar mais benefícios do que a satisfação plena da conquista honesta e honrosa de seus resultados.

Uma pergunta que sempre me fazem quando me ouvem contar essas experiências em minhas palestras é: como você conseguiu acompanhar tudo isso tão de perto? Bem, vivendo ao lado desse homem exemplar, meu maior sonho era ser como ele. Quando me perguntavam na escola o que eu queria ser quando crescesse, minha resposta era imediata: "quero ser igual ao meu pai".

Para chegar lá, com sete anos de idade e na primeira série do primário, como era chamado o Ensino Fundamental naquela época, fiz um pedido ao meu pai, pedi um emprego no cinema. Meio surpreso e indignado com o meu pedido, ele me fez uma contraproposta:

– Quando você souber toda a tabuada de cor e salteado, souber voltar troco e seguir os horários, te darei um emprego.

Era um desafio muito grande para uma criança, mas eu queria tanto que nunca reclamei das horas a mais que fiquei estudando, e, com oito para nove anos, passei no teste e ganhei meu primeiro emprego: fui contratado para ser responsável pelo "baleiro". Basicamente, só vendíamos balas e bombons. Porém o desafio era maior do que eu imaginava. Na minha primeira semana tudo foi lindo, pois todos os clientes (a maioria conhecidos) vinham comprar e achavam inusitado uma criança – e ainda filho do dono – naquela função. As vendas foram ótimas, mas toda novidade tem prazo de validade, e é aí que os problemas começam a aparecer. No meu caso, eu era lento para fazer os cálculos e voltar o troco, e, como sabemos, todos chegam em cima da hora e não querem perder o filme, por isso perdi muitas vendas com a frase: "cancela, depois eu venho pegar, não quero perder o começo do filme".

Também havia alguns malandros que se aproveitavam dessa fragilidade e acabavam pegando algumas balas a mais enquanto eu me virava para pegar o troco ou me abaixava para pegar um outro produto. Mas, para minha surpresa, eu não estava sozinho nessa, meu pai acompanhava tudo a distância e, quando ele estava ausente, deixava sempre um funcionário de plantão (sem eu saber, é claro), assim, quando fechamos o primeiro mês, acabei por não receber nenhum centavo, pois as perdas foram maiores do que os ganhos. Achei que levaria uma bronca e seria demitido, mas não foi isso que aconteceu, pois estou falando de um *Líder por Amor*, e isso representa o líder na sua essência maior, aquele que não resolve um problema com uma solução imediata ou apenas com *Gestão de Consequência*, pois sabe que pode estar apenas apagando um incêndio, e não acabando com a fonte de calor. Por isso, ele quis solucionar o problema e, ao mesmo tempo, me motivar a contribuir com a criação da própria solução. Para isso, ele me fez três perguntas que levo comigo até hoje:

1ª.) *Você quer continuar?*
2ª.) *Você acha que consegue?*
3ª.) *Você se sente bem fazendo isso?*

Respondi que sim para todas e completei a frase dizendo que precisaria muito da ajuda dele. Foi nesse dia que a minha escola base sobre procedimentos, regras, normas, estratégias e, principalmente, foco no resultado começou. Criamos um cronograma de tarefas, no qual em cada dia da semana eu tinha uma tarefa específica, que havia sido definida de acordo com o movimento da bilheteria:

- **Segunda-feira:** era dia de pouco público, então o foco era na limpeza e organização, contagem do estoque, prospecção dos novos pedidos de compras, descarte das peças ruins (balas abertas ou derretidas pelo calor), balanço do que mais vendeu e do que mais se procurou no final de semana. Era o dia do *checklist* e do planejamento semanal.
- **Terça-feira:** dia de sair para pesquisar preços, ver possíveis novidades e montar os combos (saquinhos com vários sabores de balas e alguns especiais "premium" com bombons).
- **Quarta-feira:** chegavam os produtos novos, era hora de reabastecer as vitrines, finalizar os combos, etiquetar os preços e deixar tudo muito vistoso e atraente.
- **Quinta-feira:** dia da retomada das vendas, era a prévia do final de semana, um pouco mais tranquilo, mas com clientes de alto potencial de compra, pois eram aqueles que não gostavam das salas cheias, e, nesse dia, testávamos alguns novos produtos, já que era o público mais exigente.
- **Sexta, sábado e domingo:** eram os dias mágicos, se tudo estivesse em seu devido lugar e seguindo o planejamento daquele cronograma, não tinha erro, era só atender bem, vender e sorrir no final.

Nesse ritmo acelerado de trabalho, aprendi muito sobre *"Estratégia de Vendas"*, em que o meu primeiro e maior líder sempre tinha alguns protocolos de procedimentos. Nesse caso, ele tinha os sete mandamentos da venda direta, que são:

1) Ambiente bonito e organizado
2) Tudo muito limpo
3) Padrão de atendimento único para todos os clientes

4) Recursos estruturados
5) Valor agregado de venda
6) Metas claras e bem definidas
7) Funcionários motivados e bem-preparados

Você deve estar se perguntando como meu pai ensinou cada um desses mandamentos para uma criança de 10 anos. Bom, ele não agendou sete reuniões para falar de cada ponto, não preparou um manual de procedimentos ou um passo a passo detalhado, mas demonstrou cada item na prática e com exemplos do dia a dia, relembrando situações que havíamos vivido anteriormente, exemplificando com riqueza de detalhes cada ocorrência passada ou que poderia vir a acontecer, discutindo diariamente meus erros e acertos, ou seja, sem saber eu estava ali, recebendo a minha primeira aula sobre a importância do *feedback*. Mesmo assim, não foi nada fácil assimilar tudo isso, demorei a entender a importância de cada uma daquelas etapas, pois, no primeiro momento, eu achava que a única coisa que importava era vender tudo e o mais rápido possível.

Mas no comércio de varejo não é bem assim que funciona, você precisa atender cada cliente de uma maneira única. Mesmo aquele que não compra ou que não encontra o que quer. Você precisa satisfazê-lo mesmo sem vender e essa foi a lição mais nobre que aprendi naquele momento.

"Satisfazer até mesmo aquele que está sempre insatisfeito."

João Sennen Blóes

Vamos entender melhor cada tópico:

1) Ambiente bonito e organizado

O primeiro contato do cliente é visual; de longe, ele tem uma visão panorâmica e, pode acreditar, percebe à distância se o lugar é bem cuidado. Tudo deve estar em seu devido lugar, e hoje em dia a maioria das empresas adota programas para isso, como o *5S*.

No meu caso, a responsabilidade era posicionar todos os produtos nas gôndolas da melhor maneira possível. Tudo devia ficar à vista do cliente, nenhuma caixa podia ficar fora do lugar; papéis espalhados pelo balcão, jamais. Tudo era colocado de forma estratégica para facilitar a operação de venda, ou seja, pensado pela ótica do cliente, e não para ficar mais fácil, pois, quando o objetivo principal é claro, construímos um *ambiente bonito e organizado*. Os clientes precisavam ter os produtos à vista para que pudessem escolher e comprar com rapidez, pois sempre chegavam em cima da hora e não queriam perder nem os *trailers*.

Meu pai ficava encarregado do *layout*, ele estava sempre colocando um adesivo diferente, um painel com imagens de filmes de sucesso, em sua maioria de ação e com atores famosos. Hoje as empresas especializadas em vendas investem em promotores, profissionais que ficam sublocados em seus clientes, atuando na organização e exposição dos produtos nas prateleiras e investem pesado em campanhas de marketing e itens de divulgação como displays e móbiles para PDV (Ponto de Vendas). São todas ações de atração, assim como os cartazes de filmes famosos, muito mais simples, é verdade, mas que também geravam o mesmo resultado, pois as pessoas se aproximavam para ver o painel mais de perto e, no fim, acabavam comprando alguma coisa. Ele sempre pensava em oportunidades, em somar e multiplicar interesses, e, o principal, que fosse bom para todos.

Por isso, colocar tudo em seu devido lugar não é uma mania, mas uma estratégia organizacional com os seguintes objetivos:

- *Agilizar a venda*: se tudo estiver no lugar certo, não se perde tempo.
- *Apresentar o ambiente*: tudo organizado demonstra cuidado e boas práticas, isso gera credibilidade.
- *Manter a limpeza e o cuidado:* é fundamental para gerar comportamento seguro de consumo, pois as pessoas percebem quando tudo está limpo e que essa limpeza faz parte da rotina. Isso transforma coisas simples em identidade visual do local e das pessoas que trabalham ali, e, tratando-se de produtos alimentícios, isso é fundamental.

No quesito beleza, ela não estava apenas nos móveis ou doces, mas na maneira com que eu me responsabilizava por eles, pois muitas vezes eu me deparava com pouca mercadoria, mas, em vez de reclamar e deixar uma gôndola cheia e outra vazia, eu me preocupava em distribuir os produtos, alternar um grande e um pequeno, colocar os mais vistosos na frente, com caixas fechadas (muitas vezes vazias) que faziam volume e completavam os espaços vazios deixados pela falta de produtos. Claro que sempre há aqueles itens que vendem mais, naquela época eram as balas Azedinha e Soft (de vários sabores), Chita de abacaxi, Sete Belo de morango e os chocolates de promoção, como os pirulitos Zorro e os guarda-chuvinhas de chocolate, sem falar dos clássicos chocolates Surpresa (vendiam muito pelos encartes de bichos que vinham dentro e as pessoas colecionavam) e, ainda, os cigarrinhos da PAN (chocolates que imitavam cigarros), que, hoje em dia, é inimaginável pensar que fossem permitidos, porém eram os mais caros e com as menores margens de lucro. Dessa forma, a meta era tentar vender os outros itens em grande escala, mas não era nada fácil. Foi esse um dos motivos da criação dos combos, pois neles colocávamos, além dos que mais vendiam, os menos expressivos, e assim, na média, as metas eram conquistadas. Hoje em dia essas estratégias são chamadas de mix de vendas.

2) Tudo muito limpo

Estar com tudo limpo não era uma opção, mas uma obrigação, porém não era uma obrigação imposta pelo meu pai, e sim uma necessidade que percebi com os resultados. Quando algo estava sujo, as vendas caíam, mas, quando tudo estava impecavelmente brilhando, eram os dias em que mais se vendia. Fui percebendo isso aos poucos, e, na verdade, não era tão agradável aceitar isso, pois qual criança gostaria de ficar limpando vidros? E olha que havia muitos vidros naquela bomboniere. As crianças colocavam o dedo a todo momento para apontar qual doce queriam (até hoje educo meus filhos a não colocar os dedos nas vitrines das lojas, pois sei o quanto dá trabalho para limpar), por isso a limpeza não era feita apenas antes ou depois do expediente, mas sempre e a todo momento. Algumas vezes, as pessoas que estavam sentadas na sala de espera vinham comprar, dizendo:

– Você é tão caprichoso que me deu vontade de chupar uma bala!

E não é apenas a limpeza que agrada, mas a dedicação e a verdadeira importância que se dá a cada detalhe do seu ambiente de trabalho. Atender bem é um conjunto de atitudes que vão além da simpatia. É você saber ouvir as necessidades e tentar resolvê-las com mais afinco. Limpar era necessário para que o resultado mais importante fosse conquistado: "A satisfação do cliente".

3) Padrão de atendimento único para todos os clientes

Quando se trabalha com vendas, toda venda promove uma satisfação, um sentimento de grandeza, de dever cumprido, mas o melhor sentimento mesmo era vender nos momentos difíceis, quando não se tinha muita mercadoria à disposição, quando não se tinham os produtos famosos, aqueles que se vendem sozinhos. Assim, eu percebia que, quando estava desmotivado por algum desses problemas ou quando não estava concentrado e aplicado em cativar as pessoas, eu obtinha os piores resultados. Por isso eu me esforçava para sempre estar bem, feliz e, principalmente, entusiasmado, independentemente do que estivesse acontecendo nos bastidores. Era parte do meu trabalho atender bem, e acredito que se relacionar bem com estranhos é quase um dom, pois, quando se vende algo para conhecidos, tudo se torna mais informal, porém, quando se vende algo para estranhos, a sua imagem é a principal ferramenta. Estar sempre bem arrumado, com o uniforme limpo e ajustado no corpo, cabelo curto ou bem preso (já que vendíamos alimentos), barba bem-feita (no meu caso, na época, apenas cabelo), ter cuidado com acessórios (brincos exagerados, pulseiras soltas), enfim, tudo nos seus devidos conformes.

O próximo passo era a abordagem: primeiro sorrir, segundo cumprimentar, terceiro ouvir, para depois oferecer. Quantas vezes já nos incomodamos em lojas de shopping quando o vendedor vem nos abordar sem antes termos nos manifestado? Quando você demonstra uma imagem agradável, uma recepção amigável, o cliente se manifesta, seja para elogiar ou para retribuir o que você proporcionou. Nesse momento, você aciona um tal de neurônio espelho: se você sorri, o cliente sorri também; a partir dali basta ter o produto disponível que as vendas estão garantidas.

Mais um detalhe de extrema importância é a despedida. Às vezes, outros clientes chegam no meio desse processo e é preciso ter habilidade para não embolar tudo. Calma e organização são primordiais nessas horas. Sempre priorize finalizar bem um atendimento, pois o próximo (mesmo que espere um pouco mais) irá receber o mesmo tratamento, ou até mesmo melhor, por ter esperado um pouco. Tudo isso dita o bom ritmo das vendas, trazendo mais motivação ao vendedor. Atualmente, em muitas lojas os vendedores levam as sacolas dos clientes até a porta da loja, pois entenderam a importância de finalizar um atendimento. Mesmo que o cliente não compre, é imprescindível começar bem e terminar bem, pois dessa forma o cliente voltará, além de sempre levar uma ótima impressão do lugar e do seu atendimento, podendo até mesmo indicar o estabelecimento a outras pessoas, mesmo sem ter efetuado a compra.

Para manter esse atendimento único para cada cliente, criamos a regra **3A e 2E**:

1) Acolhimento
2) Abordagem
3) Apresentação
4) Experiência
5) Entrega
    - ***Acolhimento***: *é o momento do olhar atento, do sorriso de boas-vindas, daquele bom dia, boa tarde ou boa noite agradável, seguido daquelas frases poderosas, como: "Prazer em recebê-lo", "Como posso ajudar?", "Fique à vontade, estou aqui à sua disposição".*
    - ***Abordagem***: *é nesse momento que extraímos o maior número de informações sobre as necessidades que o cliente veio sanar.*

Sempre incentivando que ele fale. Ser bom ouvinte é fundamental na abordagem.

- **Apresentação**: *após receber e entender as necessidades do cliente, partimos para a apresentação das soluções, ou seja, apresentar os serviços e produtos que temos à disposição, de forma muito mais direcionada e específica a cada demanda.*
- **Experiência**: *é o momento em que o cliente testa algum produto ou serviço, por exemplo: experimenta um tênis e pode caminhar com ele dentro da loja, faz uma aula experimental na academia, entre outras possibilidades. É a hora da degustação; se o produto for bom e o ambiente estiver propício (luz, aroma, temperatura, cenário, espelho etc.), a experiência será marcante e a venda, uma consequência.*
- **Entrega**: *esse é o momento mágico da venda, da conclusão da negociação, é aí que todos precisam estar felizes, tanto quem vende quanto quem compra. Algumas frases usadas nesse momento: "Fez um ótimo negócio!", "Também é o meu sonho comprar um desses!", "Ficou lindo em você!", e a melhor delas: "Está feliz com a compra?".*

4) Recursos estruturados

Além das etapas anteriores, para concretizar bons negócios é de extrema importância analisar os recursos que temos para promover o suporte necessário para cada segmento e ambiente de trabalho. Naquela época, os meus recursos eram simples, mas podemos fazer ótimos comparativos com os dias de hoje, por exemplo: eu precisava de muitas moedas para troco, pois as mercadorias eram relativamente baratas e as pessoas não vão para um ambiente glamoroso (na época, ir ao cinema era um sinal de muito *status*) com moedas no bolso, assim, eu precisava percorrer o comércio local durante o dia para conseguir um estoque de moedas satisfatório para voltar os trocos, já que meu pai havia me orientado a não voltar o troco em balas (como ainda é feito hoje em dia em alguns estabelecimentos). Confesso que no começo eu fiquei meio revoltado, pois seria muito mais fácil voltar o troco em balas do que gastar horas tentando encontrar alguém disposto a trocar cédulas por moedas. Mais uma vez eu estava errado, aquele *Líder nato* nunca pensava pequeno; enquanto eu via apenas uma regra de cordialidade, ele via uma estratégia de vendas indiretas, pois, quando eu voltava aquele monte de moedas de baixo valor de troco, as pessoas imediatamente falavam:

– Não vou levar tudo isso de moedas no bolso. Me veja mais dessas balas.

E, assim, acabavam comprando mais só para se livrar das moedas. Se fôssemos trazer esse exemplo para os dias atuais, poderíamos relacioná-lo com as máquinas de cartão de crédito. Muitos estabelecimentos as adquirem para facilitar as vendas, mas não se estruturam bem para isso; se não houver um bom sinal de internet e se a quantidade de máquinas não for suficiente (é necessário ter algumas de reserva para eventuais problemas técnicos), será muito difícil evitar a frase: – Pagamento com cartão só no caixa.

Se a intenção é facilitar, então não complique. A principal lição aprendida neste tópico é: não mostre que fez mais ou menos, faça direito e esteja sempre no controle. Mesmo que a ação tenha sido imposta para facilitar a sua operação, o cliente precisa visualizar que a ação foi implantada para facilitar o movimento dele, e não o do estabelecimento, pois ele é o verdadeiro motivo, ele é o seu maior marketing, o cliente não tem apenas razão, ele é a única razão.

5) Valor agregado do produto

Como já mencionado, as balas eram o carro-chefe, mesmo sendo os chicletes os itens mais procurados. Então, por qual motivo continuar investindo apenas nas balas e não nos chicletes? Quando questionei meu pai sobre isso, ele me deu mais uma aula de Gestão e Estratégia do Negócio, e a resposta me doeu um pouco, pois, antes de responder, ele me fez refletir, fazendo outra pergunta:

– Qual é o nosso principal negócio aqui?

Eu respondi rapidamente e muito confiante:

– Vender doces?

Ele, ainda mais rápido, entonou para responder:

– Não, nosso negócio é proporcionar e promover entretenimento de alta qualidade.

Ou seja, nosso principal objetivo não era o baleiro (vender doces), mas, sim, a sala lotada. Mas o que o chiclete tem a ver com isso? Tem muito a ver, afinal o que as pessoas faziam ou ainda fazem quando acaba o açúcar da goma de mascar? Exatamente isso que você está pensando, grudam embaixo da cadeira – e isso na melhor das hipóteses, pois já tivemos casos de meninas com cabelos longos reclamando que alguém havia jogado chiclete em seus cabelos. Se fosse hoje em dia, haveria um processo de corresponsabilidade na certa.

Pois bem, para evitar esses constrangimentos, era muito melhor vender coisas que as pessoas engolissem, no caso, tudo menos "goma de mascar".

Dessa forma, a lição aprendida é que, para se ter lucro de verdade, é preciso que o objetivo maior esteja claro para todos, que a rede funcione em cadeia e a cadeia funcione em teia, ou seja, de forma harmônica e equilibrada. Onde todos cuidam de tudo e de todos, não basta se preocupar apenas com o seu setor, é preciso gerar um mecanismo com começo, meio e fim, controlados e adaptados dentro dos padrões de qualidade previamente planejados e esperados.

6) Metas claras e bem definidas

Certamente, não havia recompensa maior do que conseguir vender o que era mais difícil, pois produtos bons ou promocionais se vendiam sozinhos, difícil mesmo era comercializar os que vinham na cota, naquele tal mix de produtos. Na época, para conseguir comprar os produtos da moda, era necessário comprar lotes fechados, nos quais vinha uma variedade enorme de balas, doces, chocolates, pirulitos etc., ou seja, nem tudo era fácil de vender e, por isso, sempre precisávamos de melhoria, de uma nova estratégia, ou até mesmo de uma boa promoção. Foi aí que entendi a diferença entre *promoção* e *liquidação*; promoção é quando você promove a venda de um produto com marketing, ações de divulgação, propagandas indiretas, exposições diferenciadas (destaque nas gôndolas), entre outras, já liquidação é quando há diminuição dos preços, queima de estoque, às vezes, até com um pouco de prejuízo. A nossa ideia, naquele momento, era conciliar as duas coisas, ou seja, promover os produtos de difícil aceitação e liquidá-los sem prejuízo e, melhor ainda, com lucro, mesmo que pequeno.

Acredito que existam dois momentos impactantes nesse processo de vendas de produtos difíceis:

1) *Satisfação:* o sentimento de conquista, de dever cumprido por ter efetuado uma venda bem-sucedida.
2) *Medo:* o sentimento de dúvida, mas com a possibilidade de vitória, ou seja, "as vendas".

Em ambos os casos a meta é a mesma – as vendas –, mas existe uma zona de perigo às vezes imperceptível no início, que é a tal *zona de conforto*, o que não combina em nada com sucesso, a ZC (zona de conforto) pode deixar você muito distante das suas conquistas, pois, quando não se está comprometido com o todo, o medo pode te paralisar, assim como o sentimento de satisfação por chegar rápido demais ao objetivo pode também acomodá-lo para a sequência de tarefas que vem a seguir. Funcionário acomodado defende frases prontas, do tipo:

– *Eu fiz o que estava programado.*
– *O movimento estava fraco.*
– *A crise está geral.*

E esse sentimento de vitimismo não combina com sucesso, principalmente se, para obter sucesso, é preciso vender muito. Vendas combinam com coragem, disciplina, esforço, boa comunicação, ótimos relacionamentos e tudo isso faz parte das metas claras e bem definidas, em que o colaborador conhece os dias de maior movimento e os dias mais fracos, sabe o que se vende sozinho e o que precisa de promoção ou até mesmo liquidação, conhece o público-alvo e seus recursos, tem informações de sobra sobre a empresa e seus procedimentos. A partir desse estágio, a escolha é dele, e sempre há mais que uma escolha, podemos apresentar duas aqui:

- **escolha 1: zc = desculpas + preguiça = fracasso**
- **escolha 2: proatividade = disposição + interesse = sucesso**

Se você se esconder atrás das desculpas os problemas e as dificuldades se tornarão um monstro invencível. Se você se movimentar em busca de novas possibilidades, pedir ajuda, se unir a pessoas que também querem vencer, estudar sobre o assunto, buscar recursos internos e externos, saber trabalhar em equipe e, principalmente, ter disposição para tudo isso, pode ter certeza de que as soluções virão. Foi assim que Einstein citou a célebre frase enquanto descobria a Teoria da Relatividade:

> "Se você subir numa bicicleta e ficar parado tentando se equilibrar, com certeza irá cair, mas se subir e pedalar, conseguirá se equilibrar."

7) Funcionários motivados e bem-preparados

Enfim, chegamos na hora boa! Após seguir todos os passos e executar tudo o que foi planejado, vinha a recompensa. Eu imagino que você esteja pensando em quanto eu ganharia de bônus, qual seria a minha comissão pelas vendas. Muitos gestores de vendas acreditam que o vendedor só estará feliz se receber prêmios ao final de cada venda. Sim, isso também é muito legal, importante e motivador, desde que todo o processo esteja bem estruturado e os lucros sejam suficientemente altos a ponto de proporcionar esses prêmios. O que definitivamente não era o meu caso. Então como meu líder conseguiu me motivar? Como sempre, fazendo o simples, e essa é a *dica de ouro:* seja claro, sincero e transparente, converse de maneira simples e direta, exponha todos os prós e contras, alinhe as expectativas e dê *feedbacks* constantemente. Seguindo esses princípios, ele já havia estipulado meu salário desde a nossa primeira conversa, assim como todas as exigências e necessidades daquela função, ou seja, "o combinado não sai caro". Mas então qual era o prêmio pelos meus esforços extras em pesquisar novos produtos, pelos vidros que eu limpava, pelas moedas de troco, por aquela tal meta do mix de vendas?

A recompensa estava no futuro, pois meu sonho não era ser "vendedor de balas", meu sonho era ser "dono do cinema", e, sabendo disso, meu pai me motivava com a única estratégia que promove retenção e motivação de qualquer funcionário no mundo, que eu chamo de *Projeção de Carreira*, e não de *Plano de Carreira*, pois acredito fielmente que o plano de carreira é do profissional, e não da empresa; cabe à empresa dar condições e incentivos e, se isso acontecer, a motivação para ficar será muito grande. Sempre que eu fechava o mês com bons resultados, eu recebia o direito de conhecer (estagiar) outro setor da empresa, assim, eu poderia me aprofundar, ganhar experiência e me preparar para um dia assumir os negócios. Acredito que essa seja a melhor das motivações, saber que você pode mais, pode aprender outras funções, subir de cargo, crescer na empresa e, por que não, LIDERAR. Quando não se pode remunerar monetariamente os bons resultados, é preciso encontrar alternativas, pois a rotina é um grande adversário da motivação. Portanto, treinar regularmente sua equipe, mostrar novos setores e novas tarefas, envolvê-la em projetos e sempre incentivar novos aprendizados é uma fonte abundante de motivação.

Por isso, não se deve cometer alguns erros clássicos, como deixar de treinar os colaboradores, ou, pior ainda, treinar apenas uma parte deles. Por mais simples que possa parecer, é necessário manter a equipe alerta, sempre com novidades e perspectivas de melhoria do negócio. Existem alguns empresários que ainda cometem erros maiores, pois acham que apenas empresas grandes podem treinar seus funcionários. Estes se escondem atrás de frases prontas, como:

– *Acho interessante essa ideia, mas a nossa realidade é diferente.*

– *Isso só dá certo para as grandes empresas, nós somos apenas uma empresa familiar.*

– *Não estou preparado para esses gastos agora.*

Quem sabe eles nem conheçam as forças e os benefícios que novos aprendizados podem trazer? E, com certeza, não sabem diferenciar *gastos* de *investimentos*.

Na verdade, eles se sentem bem estando acomodados. Muitos são felizes na zona de conforto e nem todos têm interesse de crescer, pois o crescimento traz mais responsabilidades e riscos. Porém, aqueles que estão infelizes na ZC precisam se mexer, se reciclar, necessitam de novos ares, novos cursos, novos investimentos, enfim, precisam buscar novas possibilidades. Existem também aqueles empresários que se sentem satisfeitos se a empresa ou o negócio apenas dá "lucro", mesmo que não seja do jeito que ele gostaria. Mais uma vez estamos falando de escolhas, ideais, missão e valores. Estamos falando das virtudes e defeitos, erros e acertos, entusiasmo e marasmo, sempre deixando clara a importância do *livre-arbítrio*.

Nada que é forçado ou obrigado resultará em satisfação plena. O grande problema é que, em muitas ocasiões, ainda não se tem maturidade suficiente para fazer as escolhas certas e acabamos por aceitar determinadas situações ou simplesmente nos submeter a elas, mesmo sem querer. Portanto, quanto mais cedo encontrarmos a verdadeira missão, mais cedo poderemos promover o equilíbrio das ações e melhores direcionamentos da nossa carreira.

Costumo sempre reforçar que a vida é uma via de mão dupla: tudo que vai, volta. Posso até me arriscar a afirmar que volta ainda mais forte. Quando somos gentis, a gentileza volta em dobro; quando somos educados, a educação é expandida à nossa volta; quando fazemos algo bem feito, os bons resultados sempre nos acompanham. Certa vez, ouvi Ayrton Senna, nosso ídolo eterno, em uma entrevista, após mais uma vitória na chuva, dizer o seguinte: "Quanto mais eu piloto na chuva, mais rápido eu fico quando ela para", ou seja, quanto mais procuramos nos sobressair nos momentos difíceis, mais prazer teremos em continuar nos doando em prol dos acertos. Enfim, quanto mais procurarmos momentos felizes, lugares e ambientes seguros e confortáveis, formados por pessoas agradáveis, e, é claro, buscarmos ser também essas pessoas, sem dúvida alguma a felicidade estará presente nesse "Círculo virtuoso."

> "Quanto mais eu piloto na chuva, mais rápido eu fico quando ela para."
>
> *Ayrton Senna do Brasil*

5S na prática

Tudo o que acabamos de ver com minhas experiências no baleiro poderia também ser classificado como 5S, mas na época não tínhamos tanto acesso a informações de outras empresas e nem imaginávamos que estávamos aplicando pontos em comum de uma ferramenta poderosíssima.

O 5S hoje em dia é uma ferramenta consolidada, mas infelizmente pouco aproveitada, pois as pessoas não entenderam que ela deve fazer parte da *cultura da empresa*. Ainda a visualizam apenas como uma regra impositiva, mas, se formos um pouco mais a fundo, entenderemos sua força.

Imagine que os inventores dessa estratégia foram os japoneses no período pós-guerra, ou seja, eles precisavam reconstruir um país a partir do que havia sobrado em meio a tanta destruição. Mais uma vez, em momentos de extrema necessidade ou crise nos deparamos com grandes ideias e pessoas motivadas a reverter a situação.

Pensando dessa maneira, entendemos que saber utilizar bem todas as ferramentas, equipamentos, processos e *expertise* é o primeiro passo para direcionar os esforços rumo aos resultados desejados. Em seguida vem a organização. Como já dissemos, organizar, identificar e manter tudo em seu devido lugar economiza tempo. Depois vem a limpeza, atividade indispensável para qualquer ambiente de trabalho; limpeza gera *qualidade de vida*. Os dois últimos passos são padronização e disciplina, ou seja, criar um padrão e mantê-lo, não só no dia da auditoria, mas como um hábito. Por isso o 5S é uma cultura formada pelos hábitos diários.

Veja a tabela abaixo e, se possível, imprima-a e a coloque num lugar de destaque em sua casa, pois é por ela que devemos começar. Se não incorporarmos esse conceito em nossas vidas, não o transformaremos em hábito e muito menos em cultura.

Denominação		Conceito	Objetivo particular
Português	Japonês		
Utilização	整理, *Seiri*	Separar o necessário do desnecessário	Eliminar do espaço de trabalho o que seja inútil
Organização	整頓, *Seiton*	Colocar cada coisa em seu devido lugar	Organizar o espaço de trabalho de forma eficaz
Limpeza	清掃, *Seisō*	Limpar e cuidar do ambiente de trabalho	Melhorar o nível de limpeza
Padronização	清潔, *Seiketsu*	Criar normas/ *standards*	Criar normas claras para triagem/arrumação/limpeza
Disciplina	躾, *Shitsuke*	Todos ajudam	Incentivar a melhoria contínua

2
O começo do fim – líder frustrado

ESSE FILME DE SUCESSO NÃO DUROU MUITO EM MINHA VIDA. Comecei em 1984, com 10 anos, e fui até 1989, praticamente cinco anos. Mas como assim? Será que não aguentei o tranco? Nada disso, tivemos grandes momentos, consegui atuar na bilheteria e também em alguns filmes – quando a censura permitia – na sala de projeção, mas o que nenhum proprietário de cinema daquela época previa era uma concorrência tão nova e tão avassaladora que estava chegando, um tal de videocassete. Veio como um *tsunami*, e eu me lembro como se fosse hoje dos meus amigos de escola falando:

– *Não preciso mais ir ao cinema, pois agora meu pai comprou um aparelho e podemos assistir ao filme em casa, e posso assistir quantas vezes eu quiser.*

Era algo surreal, uma novidade incrível e completamente inesperada, porém a maioria dos donos de cinema, principalmente os do interior, não acreditava nessa força e usava várias desculpas, como:

– *O aparelho é caro, e as fitas mais ainda.*

– Quem vai trocar uma tela gigante, com som estéreo, por 20 polegadas de uma TV?

– As fitas só são vendidas nas grandes cidades, quem é do interior continuará indo ao cinema.

Infelizmente, meu pai estava entre eles; é verdade que muito mais preocupado, pois absorvia mais facilmente as mudanças e acreditava que, mais cedo ou mais tarde, essa nova tecnologia iria se firmar. Ele sempre dava os exemplos da televisão e do telefone, contava o quanto eles tinham evoluído. Imagine se ele estivesse vivo para ver o que um *smartphone* pode fazer hoje em dia. Mesmo assim, ele não escapou, salas foram sendo fechadas uma atrás da outra, os cinemas já estavam vazios, muitos empresários ricos quebraram, inclusive nós, que ficamos apenas com um cinema, o da nossa cidade natal, e, como eram muitos funcionários para demitir e indenizar, o desfalque foi bem maior do que esperávamos. Quer saber qual foi o primeiro aprendizado que tivemos com essa crise?

"Nunca deposite a produção de todos os seus ovos em uma única galinha."

Esta foi a maior falha daquele líder tão atento e à frente do seu tempo: nos momentos de fartura, continuamos investindo apenas nos cinemas, não diversificamos, não buscamos novidades. Talvez não fôssemos tão atentos quanto imaginávamos ser, talvez não tenhamos olhado para o mundo exterior como ele deve ser olhado, podemos até dizer que a *zona de conforto* nos pegou. Mesmo com todas as qualidades já ressaltadas anteriormente, nós, seres humanos, buscamos sempre economizar energia, é fisiológico e até mesmo natural, o nosso cérebro busca diariamente e a todo momento economizar energia, porém o mundo dos negócios não perdoa, muito menos nos permite economizar energia. Ele não distingue ninguém e sempre será implacável com o comodismo. Para mim, a queda dos cinemas foi um golpe muito forte, pois cresci nesse mundo, vendo o meu ídolo delirar com os desafios e conquistas. Eu queria ser como ele em todos os aspectos, e naquele momento de crise eu não estava preparado para o fracasso.

Não sei dizer como, mas meu pai não se abateu como nós, ele sofreu sim, e muito, pois dedicou metade de sua vida àquele ramo, mas seguiu em frente, pois as contas continuavam a chegar, então precisou sacudir a poeira e se levantar novamente. Essa lição marcou muito a minha vida, pois, enquanto todos estavam desesperados e sem rumo, o nosso líder estava ainda mais focado, determinado a encontrar uma solução ou, pelo menos, um novo caminho.

Em um desses dias de crise, vi meu pai sozinho, de madrugada, sentado na cozinha da nossa casa, olhando para o nada, parecia que ele havia sido abduzido, fiquei até com medo de falar com ele, mas me aproximei e perguntei:

– Está tudo bem?

Ele me olhou fundo nos olhos por alguns segundos e disse:

– Precisamos sofrer um pouco, às vezes isso é bom para não nos acostumarmos demais com tantas regalias. É importante parar um instante, dar uma olhada em volta e dar o devido valor a tudo que temos e, principalmente, aos dias felizes que já vivemos.

Naquele dia não entendi muito bem a força daquele ensinamento, pois eu não estava sofrendo como ele, e só quem sofre por algo grande é que tem essa noção. E, de repente, ele completou a frase:

– Temos que tirar proveito de tudo isso.

E então o líder voltou ao comando, aproveitou a febre do videocassete e montou na própria sala de espera do cinema uma locadora de filmes para videocassete. Era muita ousadia, não era? Para ele, não. Era na verdade aproveitar a onda e surfar nela, inverter os papéis, tirar mais um coelho da cartola, pois é isso que todos esperam dos líderes: entendimento, criatividade, iniciativa, coragem e ousadia.

> "Entender que a força da boa compreensão dos fatos, a dose certa e perspicaz de criatividade, o desvencilhamento do medo e a conquista da coragem, associados ao comprometimento diário e renovável, só podem gerar um líder preparado para novos desafios."

Começamos, assim, uma nova era, mas agora sem extravagâncias (como as grandes reformas de antigamente), até porque não possuíamos nenhum capital e, para recomeçar, tivemos que nos adaptar a uma nova vida. Tínhamos acabado de nos mudar para uma casa nova, que levou quase nove anos para ser construída, pois, como se ganhava muito dinheiro com os cinemas, construímos devagar e com tudo o que havia de melhor, mas a crise chegou ao final da obra e, para sair do aluguel, nos mudamos sem o acabamento da casa concluído, com alguns cômodos ainda por terminar e sem nenhum móvel novo. Falando assim, parece que sofremos muito com tudo isso, mas, na verdade, nos unimos ainda mais, dormíamos todos em um único quarto, meu pai não precisava mais viajar tanto e estávamos cada vez mais unidos e felizes. Naquele momento de crise, aprendi que o dinheiro não compra felicidade. Pode dar mais conforto, sim, é verdade, mas não traz o AMOR necessário para superar os momentos difíceis.

Percebendo que estávamos mais fortes, meu pai começou a fazer umas reuniões familiares para decidir sobre o nosso futuro. Ele fazia questão que todos participassem e opinassem, eu com 13 anos, meu irmão com 10 e minha irmã com apenas 8. Todos nós dávamos ideias e sugestões, um tal de *brainstorming* (tempestade de ideias), e muitas decisões importantíssimas saíram dali.

Lembro que em uma dessas várias reuniões ele nos disse que nos ensinaria a escovar os dentes. Rimos, mas logo percebemos que era sério. Ele pegou um tubo de pasta de dente *Kolynos*, daqueles amarelos, e perguntou:

– Por que vocês apertam no meio?

Nós respondemos em coro:

– Porque sai mais e é mais fácil, ué!

Então, com aquele sorriso de sempre, o mestre continuou:

– A partir de agora, vamos começar a apertar no final do tubo, mas apertar pouco, para sair pouco, pois muito flúor faz mal à saúde dos dentes e ao nosso bolso, precisamos economizar e remodelar todos os nossos hábitos, evitar todo e qualquer desperdício, cortar tudo o que for supérfluo e economizar ao máximo porque precisaremos levantar um capital para o nosso novo negócio.

Estava ali instalada uma gestão de crise. Hoje em dia, contratam-se consultores, mentores e *coaches* para isso, mas lá em casa uma só pessoa tinha tudo isso. Ouvimos tudo com muita atenção, mas, de repente, um de nós perguntou:

– Pai, você falou em novo negócio, mas não acabamos de abrir a locadora?

Rapidamente ele respondeu:

– Depender de apenas uma galinha já vimos que não deu certo, então iremos montar mais um negócio para complementar a renda e tentar reagir mais rápido a essa crise.

Então foi a vez do meu irmão, que sempre teve um faro aguçado para os negócios (até hoje), perguntar:

– Mas que negócio será esse?

Ele, então, olhou no fundo dos nossos olhos e disse:

– Vamos decidir isso juntos e agora.

Nesse momento, minha mãe quase caiu para trás. Como assim, decidir algo tão sério, num final de semana e dentro do banheiro, é muita loucura, não acha? Para ele não era, pois sempre defendeu que, para tomar decisões criativas, é preciso estar longe do problema ou dos problemas (nosso caso), é necessário ter uma mente livre e limpa para deixar as ideias surgirem, porém não se pode perder o foco e o controle, por isso os mediadores são tão importantes, sejam eles internos ou externos; no nosso caso, o meu pai representava todos eles. E, sem pestanejar, ele olhou para a minha irmã e perguntou:

– O que você mais gosta de fazer?

Ela respondeu rapidamente:

– Amo dançar, quero ser bailarina.

– Meu amor, é uma ótima profissão, e com certeza você será uma excelente bailarina, mas, infelizmente, agora não teremos capital para abrir uma escola de dança, nem você tem idade ainda para virar professora.

Então ele olhou para mim e para o meu irmão e disse:

– E vocês?

Meu irmão, apesar de mais novo, sempre foi mais rápido do que eu, e prontamente respondeu:

– Quero ser peão boiadeiro e mexer com gado.

Acho que essa resposta nos pegou um pouco de surpresa, pois meu irmão era mais dos esportes radicais – o que veio a realizar no futuro, tornando-se piloto de *motocross* –, mas meu pai rapidamente respondeu:

– Outra excelente profissão, mas também nos faltará capital neste momento.

Chegou a minha vez e, cheio de entusiasmo, eu disse:

– Eu quero ser jogador de futebol – nada criativo...

– Pode ser que você também tenha sucesso nessa carreira, mas vai demorar para termos retorno com ela, e, nesse momento, estamos precisando de uma solução rápida e sem grandes investimentos – completou o mestre.

Foi nesse momento que nossa vida mudou, pois minha mãe havia se tornado a maior fonte de renda da nossa casa. Ela era professora do primário na escola pública, na verdade, uma das melhores escolas, pois ainda não havia escolas particulares, e ela era – e ainda é – muito respeitada e conhecida em nossa cidade, pois sempre foi extremamente ética, disciplinada e comprometida com sua carreira, além de querida pelo sorriso fácil e alegria contagiante. Nesse momento, a pessoa que sempre concordava com tudo, que passava a mão em nossas cabeças, que muitas vezes não se manifestava, falou alto:

– Calma aí! E eu? Não vai perguntar pra mim?

O silêncio pairou por alguns segundos, todos nós ficamos pasmos e com os olhos arregalados, e ela continuou:

– Eu adoro cozinhar, principalmente doces, e acho que faço um ótimo arroz doce.

Só para registrar, ela realmente faz o melhor arroz doce do mundo! Novamente o silêncio pairou, mas agora durou um pouco mais...

De repente, começamos a falar todos juntos que o arroz doce dela era realmente muito bom mesmo, e, mais do que depressa, o *Líder nato* se pronunciou:

– Tá decidido, vamos abrir uma doceria.

Não sei se existe essa nomenclatura, mas era assim que todos nós chamávamos a nossa casa de vender doces caseiros.

3
Luz no fim do túnel – líder motivado

Após a reunião familiar semanal, começamos a planejar a nova empresa da família, pois a locadora não dava conta de cobrir todas as nossas despesas, era apenas uma forma de apagar o incêndio causado pela quebra dos cinemas, mas o foco de calor ainda estava lá e precisava ser controlado.

Começamos, então, pela melhor parte: o cardápio. Minha mãe era dona da melhor receita de arroz doce, minha avó materna entrava com os doces típicos (abóbora, ambrosia, doce de leite, pé de moleque, coalhada, pudim de leite condensado e tantos outros), minha tia ficou com os bolos e nós viramos degustadores. Enquanto acertávamos essa parte boa, o nosso exemplo de liderança estava na rua, captando recursos e abrindo novas possibilidades, pois estava à procura do imóvel para locar, mas, como sempre, ele tinha preestabelecido algumas condições e pré-requisitos, que, nesse caso, eram quatro:

1) **Boa localização:** o local precisava ser perto da praça central da cidade, lugar de maior fluxo de pessoas, pois era lá que os

ônibus paravam vindos dos bairros e trazendo muitos clientes em potencial.

2) **Pouco espaço:** precisava ser pequeno. Para mim, era o requisito mais extraordinário do ponto de vista do meu pai, pois ele já tinha a estratégia de venda definida. Ele dizia: "Precisa ser um lugar pequeno, para que as pessoas não fiquem comendo lá, quero que elas comprem e levem para comer em suas casas ou até mesmo na praça, assim vamos ter mais giro e mais exposição dos nossos produtos". Mas a frase que eu mais gostava era: "Além disso, como o lugar será pequeno, sempre dará a impressão de que estará cheio e gente chama gente".

Ali estava criado o *drive thru* a pé numa cidade de aproximadamente 40 mil habitantes. Era muita visão de negócio, com uma linha de raciocínio objetiva e clara. Acredito que essa seja uma das grandes falhas de muitos novos líderes de hoje em dia, a dificuldade de se expressar, e não estou falando de oratória, mas, sim, de clareza de raciocínio. Quando os liderados assimilam rapidamente a estratégia, mais do que depressa saem em busca dos recursos necessários para colocar tudo em prática.

3) **Custo fixo:** o aluguel precisava ser barato, nem preciso explicar o porquê.

4) **Parceria de confiança:** precisava ser de alguém conhecido, pois o locador teria que confiar o pagamento para alguém que estava com muitas dívidas, no caso, nós.

Enfim, não seria nada fácil encontrar um local, e realmente não foi. Foram semanas procurando, e, a cada dia que passava, mais difícil a situação ficava, mas Deus ajuda quem cedo madruga, e aquela história de cidade pequena, em que a notícia se espalha, deu certo. Assim, um amigo farmacêutico nos disse:

– Tem um quartinho de depósito no fundo da minha farmácia, e a parede dos fundos dá para a rua Direita.

"Rua Direita" é até hoje o apelido da principal rua de comércio da nossa cidade e faz esquina com a praça central. O dono deste "quartinho" era um senhor idoso e muito conservador, mas que conhecia todos na cidade, inclusive meu pai. Em resumo, o negócio estava fechado.

Alugamos o tal quartinho da bagunça, que media exatos 6x4 metros, ou seja, 24 metros quadrados, que era exatamente o que estávamos procurando. Basta saber procurar e, é claro, ter um bom relacionamento com a sociedade, pois esse é o primeiro requisito para ser um comerciante de cidade pequena, é necessário ser bem quisto, ou você nunca ouviu as frases: "O produto dele é melhor, mas o dono é muito chato", ou então: "Não abasteço naquele posto mesmo o combustível sendo mais barato, pois os frentistas lá são mal-educados"? Esse diálogo social pode ser responsável pelo fracasso de uma marca.

Realizamos uma reforma simples. Ganhamos alguns materiais, como uma porta de madeira e vidros grandes, que colocamos na entrada, trocamos o piso e revestimos as paredes com modelos variados de cerâmicas, o que os arquitetos chamam hoje de mosaico, mas os nossos eram pisos e revestimentos vindos de pontas de estoque, alguns haviam sobrado da construção da nossa casa e estavam guardados havia muito tempo, enfim, economizamos tudo o que podíamos na infraestrutura, pois o pouquinho de dinheiro que levantamos era com a venda do carro da família e precisávamos ainda investir nas geladeiras (expositores), freezers, balcões e em todos os utensílios de que necessitaríamos.

Tudo ficou pronto em tempo recorde. Nesse mesmo período, tivemos que praticamente passar para frente o cinema e a locadora, pois simplesmente os entregamos "de graça" para um empresário da capital que assumiria as últimas dívidas que ainda tínhamos e honraria com os compromissos pendentes com os funcionários remanescentes. O foco agora era a doceria, precisávamos nos concentrar nesse novo negócio.

Inauguramos sem grande glamour, pois uma das tantas teses do meu pai era o perigo que uma inauguração pode causar, pois, sem que tudo estivesse completamente pronto, sem a equipe devidamente treinada, sem um estoque extra para atender uma possível grande demanda, poderia queimar a imagem do lugar já em seu primeiro dia. Como não estávamos tão estruturados e ainda não dominávamos esse negócio, apenas abrimos as portas num sábado qualquer, com alguns refrigerantes e água sem gás nas geladeiras. No balcão seco, os doces caseiros da minha avó e os bolos de pão-de-ló da minha tia; no balcão refrigerado, os donos da festa: pudim de leite condensado e o arroz doce da minha mãe.

Atrás do balcão havia cinco funcionários. Como assim? Cinco pessoas para um local com vinte e quatro metros quadrados? Sim! Um para a limpeza mais pesada, meu irmão; um para pia, copos e talheres, minha irmã; um para o caixa, meu pai; e dois para o atendimento, eu e minha mãe. Estava montada a equipe de inauguração da doceria "Doces Caseiro". Não me perguntem por que "Caseiro" não foi para o plural, mas era assim e pronto.

Nossa intenção era abrir a doceria junto com o comércio local, por volta das oito da manhã, e fechar um pouco mais tarde, para que os funcionários fossem até lá após o expediente, mas não deu tempo, o sucesso dos doces foi tanto que antes do almoço já não tínhamos mais nada para vender, foi algo inimaginável, uma sensação tão boa e prazerosa que, eu posso garantir, vicia. Essa sensação de missão cumprida, de reconhecimento, de sucesso vicia com uma velocidade incrível, acredito que por isso os empresários e empreendedores de sucesso nunca se aquietam, estão sempre envolvidos com novos projetos, pois o que os move de verdade é uma palavra chamada realização.

Realizar, mesmo que seja por necessidade, como era o nosso caso, sempre traz esse sentimento de orgulho, é como passar na prova do vestibular mais concorrido, é como ser aceito no primeiro emprego, ou, até mesmo, receber um sim da garota de quem sempre se gostou na época de escola. É uma mistura de sentimentos retratados em seus esforços, dedicação, suor e, claro, amor pelo que se faz.

Porém, enquanto todos nós estávamos em êxtase, literalmente nas nuvens, com todos esses sentimentos prazerosos, um de nós estava paralisado por outros motivos. Sim, o nosso *Líder nato* não estava comemorando, pelo contrário, estava inconformado por não ter sido mais ousado; enquanto todos nós estávamos satisfeitos, ele estava frustrado por não ter se preparado mais.

Naquele momento, eu vi a clara diferença entre quem é comum e quem se difere do bando. Todos éramos do mesmo bando, mas apenas um tinha condições de liderar naquele momento. Quando isso é percebido pelos subordinados, a equipe se torna muito mais forte, e foi exatamente o que aconteceu. Assim que percebi a situação, perguntei:

– E agora, chefe, o que faremos?

A resposta veio com vários questionamentos:

– *Conseguiremos produzir quanto a mais por dia?*
– *Quanto tempo eles duram na geladeira caso não sejam vendidos?*
– *Quais foram os horários de pico?*
– *Precisaremos de mais funcionários ou daremos conta?*

O *checklist* pós-atividade é prática comum em muitas empresas e ignorada em muitas outras, mas, a meu ver, é indispensável para todas, desde aquela empresa familiar, como a nossa, até uma grande multinacional. É fundamental entender o que aconteceu com riqueza de detalhes, ouvir todos os envolvidos, ouvir os clientes, parceiros e fornecedores, pois cada setor ou área precisa de uma referência, dos números, das metas e, principalmente, da aceitação, seja do produto, do serviço ou até mesmo dos relacionamentos.

"O que não pode ser medido não pode ser gerenciado."

Célebre frase de William Edwards Deming

Para quem vive no mundo corporativo, há vários nomes para essas práticas, como: Lição Ponto a Ponto, Análise Pós-Venda, Curva de Resultados, mas o nome que mais me atrai, sem dúvida, é "Lições Aprendidas".

Dessa forma, levantamos todos os números possíveis, fizemos várias pesquisas informais com aqueles mais conhecidos que haviam comprado naquele dia tão especial e continuamos a trabalhar. Queríamos comemorar, mas, após a indignação do chefe, a euforia passou e deu espaço novamente à preocupação, pois o dia seguinte dia era domingo, dia em que a doceria ficaria aberta por um longo período, e as pessoas sempre querem uma sobremesa especial nesse dia, ou seja, se o planejamento para sábado já havia sido um fracasso, como seria no domingo?

Imediatamente o *Líder nato* mudou os horários de atendimento para um período menor, pelo menos para aqueles primeiros dias, e fez contato com outras confeiteiras e até mesmo padarias que eram nossas concorrentes, mas que não abriam aos domingos. Para eles, também seria bom não ficar com estoque parado, seria um ganha-ganha, que é sempre bom para todos.

Líder que é líder não perde tempo lamentando nem comemorando muito, pois sabe que tudo passa, tanto os bons quanto os maus momentos.

Recentemente assisti a uma série da Netflix chamada *The Playbook* e em um dos episódios a ex-jogadora e atual técnica de basquete feminino Dawn Staley apresentou as suas regras de vida e de treinadora. Uma delas me chamou muito a atenção: a *"regra das 24 horas"*.

Trata-se de um acordo feito entre Staley e as atletas da Universidade de South Carolina: "Uma derrota pode acabar com você, mas, você tem que ter a capacidade de seguir adiante". Staley conta como times altamente competitivos podem sofrer com as derrotas e o quanto isso pode impactar no desempenho e no psicológico de atletas. Por isso ela criou a regra: "24 horas após uma vitória ou uma derrota, seguimos adiante". O técnico português Abel Ferreira também adotou essa regra em sua filosofia de trabalho.

Por isso, muitas vezes esse líder diferenciado ou até mesmo aquele profissional mais aplicado ficam com fama de chatos, pois, após uma conquista, enquanto a maioria quer comemorar e esquecer que existe segunda-feira, ou quer chorar por algo que deu errado com aquele sentimento de vítima, de que não fez por mal, que não merecia, quando, na verdade, ninguém erra querendo errar, mas, na maioria das vezes, isso tem nome, chama-se incompetência, falta de preparo, falta de recursos, de treinamentos, de experiência, de comprometimento e por aí vai. Porém, quando tudo isso é rapidamente identificado e as pessoas se unem para resolver os problemas, o caminho para o sucesso começa a ficar mais claro; ainda distante, é verdade, mas já com melhor visibilidade.

E foi assim que passamos bem por aquele primeiro domingo: baixamos as expectativas e trabalhamos duas horas a menos do que o programado. Faltaram, sim, alguns doces, mas agora tínhamos outros para oferecer. Até comemos alguns após o jantar, e eu me lembro de que foi a melhor de todas as sobremesas que já comi na minha vida.

Não lembro nem o que era, mas hoje, mais de trinta anos depois, sinto a mesma sensação de prazer daquele dia ao me lembrar da imagem do meu chefe, meu líder, meu ídolo, meu pai, feliz.

> "Temos 24 horas para comemorar ou chorar, pois continuar a trabalhar é o mais importante."
> *Abel Ferreira*

Dali em diante, cada dia era um novo aprendizado, um novo pedido ou uma nova reclamação de algum cliente. Estávamos com uma enorme dificuldade para encontrar um padrão para as receitas, pois, como as cozinheiras eram amadoras, nem sempre os produtos ficavam iguais, com o mesmo sabor. Como dizia minha avó: *"Dependendo do dia, eu acerto o ponto do doce de abóbora"*.

Mais um problema para o *Super líder*, todos esperávamos treinamento para as cozinheiras, receitas prontas com todas as medidas mensuradas, ou até mesmo a criação de um "modelo-padrão", tudo o que faz uma franquia nos dias de hoje. Bem, isso era o que nós imaginávamos, mas novamente veio o olhar diferenciado, e a mensagem foi clara mais uma vez:

– Esse é o grande atrativo do nosso negócio, surpreender as pessoas, sempre com novidades e novos sabores.

E ainda completou: – Quanto mais mudar, melhor será.

Hoje, vejo isso acontecer com as redes sociais. Por que essa febre, loucura ou até mesmo dependência por elas? É simples de responder, ninguém quer cair na rotina, e em nenhuma situação ela é atraente; somos movidos por estímulos, e os estímulos são movidos por novidades e novos desafios, por isso viciamos tão rápido em todas essas plataformas digitais, pois a cada milésimo de segundo existe algo novo sendo postado, curtido, comentado e compartilhado.

A primeira motivação vem da curiosidade, seja em um novo emprego, um novo projeto, uma nova cidade, enfim, o novo nos atrai.

Dessa forma, ficou muito claro para todos nós a importância da "Visão e Missão" da nossa empresa, e, é claro, do nosso líder. Desde o primeiro momento estávamos pensando em lucro, pois precisávamos dele para sair da crise, mas esse tal de lucro não pode nem conseguirá vir antes do propósito. Era muito nítido que éramos uma empresa extremamente familiar, mas com um líder muito à frente do nosso tempo, e, com ele, aprendemos a olhar tudo sob várias óticas, sempre querendo novidades, inovações, novos desafios... Tudo isso se tornou parte de nós – quantas vezes nos pegamos inventando receitas ou simples combinações! Você já experimentou pudim de leite condensado com sorvete de creme? Ou arroz doce com sorvete de coco? Entre muitas outras combinações esquisitas, a visão do empreendedor sempre é a inovação, seja ela nas receitas, nos produtos ou até mesmo na forma de gestão interpessoal, é assim que ele vê o futuro. E a Missão não é apenas o lucro, é atender às necessidades das pessoas; se você não atende bem, ou sua concorrência atende melhor, pode ter certeza de que o lucro não virá, por isso o lucro é a consequência da missão bem executada.

Quando ouvi pela primeira vez o lema do BOPE: "Missão dada é missão cumprida", me veio à tona um número muito alto de lembranças do meu pai, pois ele não tinha nenhuma habilidade em frases de efeito ou jargões motivacionais, mas tinha em sua essência o poder de transformar coisas simples em metas audaciosas, e hoje eu entendo o porquê. Como sabemos, existem dois tipos de liderança: pelo poder e pela autoridade, e muitos outros livros podem tratar desse tema com mais propriedade, mas vou deixar aqui a minha contribuição vivencial.

Quando se lidera pelo poder, o medo e o sentimento de culpa estarão sempre em evidência. As frases de poder são:

– *Faça isso dessa forma, caso contrário...*

A pergunta do líder de poder é: "Quem derrubou a peça?". Mas o correto seria: "Por que a peça caiu?".

O poder precisa achar um culpado, precisa pôr pressão para que as pessoas façam, e façam dentro dos prazos e batendo metas, mesmo que isso seja prejudicial à convivência e até à saúde delas.

Em contrapartida, temos a liderança por autoridade, que mostra a importância do bom entendimento, que precisa que as pessoas pensem, descubram novas formas, desenvolvam novos métodos, pois a palavra de ordem é conhecimento. Quanto mais conhecedores do assunto, do produto, do mercado, da concorrência, do país, das equipes, mais autoridade teremos para inovar, pois não existe inovação sem conhecimento, precisamos de pessoas preparadas e com grande capacidade de atualização e renovação, pois aqueles que acham que já sabem o suficiente serão os primeiros a cair na tentação do poder. Autoridade não tem nada a ver com vaidade, pois, para se manter atualizado, é necessário o quinto hábito do livro de Stephen Covey – *Os sete hábitos das pessoas altamente eficazes*, cujo material se tornou um manual de bolso no meu cotidiano –, que é: "Compreender para ser compreendido", ou seja, ouvir mais do que falar, ouvir para entender de fato o que o outro precisa, e ainda ter a habilidade de transformar as palavras em ações, pois oratória sem ação é igual a nada.

Por isso é tão importante divulgar e, principalmente, praticar a Visão, a Missão e os Valores da empresa. São essas práticas que definem a cultura empresarial e das pessoas daquele lugar, como os da nossa doceria:

- **Nossa Visão:** construir um negócio rentável, composto por estratégias equilibradas e que atendam às necessidades da empresa e as expectativas dos nossos clientes.
- **Nossa Missão:** sempre surpreender com novos sabores, através de produtos de altíssima qualidade, feitos por pessoas do nosso convívio, que fazem tudo com muito AMOR.

E os Valores? Pensei que talvez não precisasse mencionar, pois falo deles desde o primeiro parágrafo deste livro, por isso escolhi a minha família como exemplo para demonstrar que sem valores nada pode dar certo.

Para mim, os valores são como os mandamentos, não podem ser quebrados, pois são o norte, o porto seguro, as diretrizes que transcendem o lucro, aquilo que o dinheiro não é capaz de comprar. É a base de todas as escolhas e decisões, o que para muitos também pode ser chamado de princípios ou ética.

- **Nosso principal Valor:** é a honestidade e a transparência, pautadas no princípio da integridade, ou seja, falar a verdade, mesmo quando a falha for nossa.

Começar foi fácil – Manter nem tanto

Negócio bom é negócio sustentável

Estávamos indo muito bem com o novo negócio. Como nossa cidade fica localizada numa região fria do estado de São Paulo e havíamos inaugurado em julho do final da década de 1980, com as temperaturas muito baixas, os doces eram sempre uma excelente opção. Porém, depois de três meses, nossas vendas despencaram. Era um calor que não estávamos esperando. Os doces não suportavam essas altas temperaturas, derretiam, ficavam feios, tortos, enfim, nossa primeira crise havia chegado.

A reunião semanal estava marcada e as perguntas foram as mesmas de sempre:

– O que vocês gostam de fazer no calor do verão?

Para surpresa do *Líder nato*, a resposta foi unânime:

– Tomar sorvete!

Mas como fabricar sorvete com as condições que tínhamos?

- Pouco espaço
- Sem equipamentos adequados
- Sem funcionários especializados
- Sem experiência no ramo
- Sem estrutura operacional

Mas quem falou em fabricar? Estávamos falando apenas em vender. E então veio a segunda pergunta:

– Qual o sorvete mais gostoso que vocês já tomaram?

Outra resposta unânime:

– Sorvete de morango do Palácio do Sorvete de Tatuí.

Preciso abrir um parêntese aqui para explicar como o sorvete de Tatuí entrou nesta história.

O município de Tatuí está a aproximadamente 100 km da nossa cidade, Capão Bonito. Nós nos tornamos frequentadores semanais dessa cidade quando meu pai e meu tio Fernando Blóes (em memória) nos matricularam nas aulas de música no *Conservatório Dramático e Musical de Tatuí Dr. Carlos de Campos,* um dos mais respeitados do país. Sim, eles matricularam seis crianças – eu, meus dois irmãos e nossos três primos –, numa cidade a mais de 100 km de distância, para aprender flauta transversal, sem que nenhum de nós tivesse dom ou interesse para essa arte. Você acha loucura?

Mas a origem dessa "loucura" veio de um testamento. Meu avô paterno veio da Itália e, infelizmente, morreu muito jovem, mas deixou um legado para nossa cidade e para nossa família. Ele era músico e maestro e formou a primeira banda de Capão Bonito, nos deixando como herança uma flauta transversal banhada a prata, porém só se tornaria proprietário dessa relíquia o primeiro sucessor que aprendesse a tocá-la. Daí a loucura em nos matricular no Conservatório de Tatuí. Mas os irmãos Blóes eram tão unidos, que queriam dar a mesma oportunidade para as duas famílias, assim, nada mais justo que todos entrassem juntos e compartilhassem das mesmas oportunidades, aquela famosa frase: "Que vença o melhor". E aconteceu dessa forma, dividimos dois anos de viagens semanais, paradas no caminho, lanches na praça, com o sorvete de morango do Palácio do Sorvete de sobremesa. Na verdade, eles estavam pensando muito além da flauta. Eles pensavam no legado que iríamos ter com essa convivência entre irmãos e primos. E eles conseguiram, nossos pais nos deixaram muito mais unidos com essa experiência. Hoje, somos padrinhos dos filhos uns dos outros, fazemos Natal fora da data para que todos possam participar, não abrimos mão da presença um do outro nos aniversários dos nossos filhos, enfim, para quem achava que era pela herança, se enganou, pois, na verdade, era pela família, pelo nosso futuro, para que mais uma vez entendêssemos os valores mais importantes da vida, que, no caso dos irmãos Blóes, sempre foi a "família".

Mas quem ficou com a flauta? Meu primo Otávio Blóes, hoje um dos flautistas mais respeitados do país e professor do conservatório no qual fomos alunos, além da minha prima Cristiane Blóes, que também continuou na música e se tornou uma referência no piano clássico.

Ambos se tornaram o maior orgulho da família ao darem continuidade ao legado do nosso avô.

Foi assim que conhecemos o delicioso sorvete de morango de Tatuí, e começou o maior desafio do nosso líder na segunda fase da doceria, que era levar os sorvetes de Tatuí para Capão Bonito. Após essa primeira reunião, na qual decidimos que iríamos vender os tais sorvetes naquele verão, as dúvidas e os questionamentos começaram a surgir:

– *Será que a sorveteria estaria disposta a revender seu principal produto?*

– *Será que aquele empresário, que já era tão bem-sucedido em sua cidade, queria expandir ainda mais seus negócios?*

– *Será que seria mesmo um bom negócio?*

Mesmo que todas as respostas fossem favoráveis, o negócio ainda não estaria fechado, pois a mais complexa das dificuldades seria a logística, com o transporte dos sorvetes entre as cidades.

Mas essa era uma missão para o nosso líder. A primeira coisa a ser feita era levantar todas as possibilidades, problemas e possíveis soluções, depois afinar a estratégia comercial e resolver a logística, que, no caso, era o nosso maior desafio. Não à toa, o setor de logística é um dos segmentos corporativos que mais cresce ao redor do mundo, pois a comunicação deu um salto astronômico com a facilidade das compras *on-line*, mas fazer o produto chegar até a casa dos consumidores não é tarefa simples, pois, além da entrega dentro do prazo, é necessário que ele esteja em boas condições. Podemos ver esse sucesso em empresas como *Mercado Livre* e *Amazon*. Elas se tornaram referência em logística e a consequência foi um aumento exponencial de vendas que nunca havia se visto antes.

Pois bem, fomos à luta. Meu pai e eu fomos designados para ir até a sorveteria em Tatuí para tentar iniciar as negociações. Foi a primeira grande negociação da qual participei, ainda como ouvinte é verdade, mas sem perder nenhuma vírgula; foi incrível ver dois homens de mais ou menos 40 anos, calvos, fora de forma, baixinhos e de óculos estilo BL caçador (armação dourada e lente esverdeada). Juntos, pareciam irmãos e foi no que se transformaram, além de amigos e sócios. Mas no início não foi bem assim. Era de se imaginar a desconfiança daquele empresário bem-sucedido no ramo das gelaterias que, após ouvir duas horas de explicação, perguntou ao meu pai:

– Deixa ver se entendi. Você está me dizendo que abriu uma casa de doces de 24 metros quadrados, apenas com recursos próprios, sem nenhuma *expertise* no ramo, com o objetivo de se reestruturar financeiramente após uma grande crise gerada pela falência dos cinemas, que seus funcionários são seus filhos e sua esposa, seus fornecedores são sua sogra, alguns parentes e amigos, e quem decidiu que tomar sorvete é a coisa mais gostosa de fazer no verão foi sua filha de oito anos e seus dois filhos, e, ainda de quebra, o meu sorvete de morango foi eleito o melhor que eles já experimentaram. É isso? Então, só posso te dizer duas coisas: primeiro, você é o empresário mais louco e corajoso que já conheci; segundo, quero estar o mais próximo possível dessa loucura.

Dito isso, os dois começaram a rabiscar em guardanapos as possíveis estratégias para viabilizar o negócio. Pareciam crianças tentando inventar uma nova brincadeira, pois, quando se trabalha com prazer e alegria, o trabalho se torna leve e prazeroso. Sabe como o mundo corporativo chama isso hoje em dia? Sinergia, pois não é apenas se dar bem com as pessoas à sua volta, às vezes nem gostamos tanto assim delas, mas a causa é tão maior, que queremos compartilhar, são aquelas coisas que nos impulsionam a seguir em frente e a atrair mais adeptos a cada novo projeto.

Havíamos chegado a Tatuí muito mais preocupados do que esperançosos, pois era uma ideia muito doida mesmo. Em meio a tantas dúvidas havia uma única certeza: "O não nós já tínhamos, então vamos em busca do sim". Parece até um clichê de autoajuda, mas, pode acreditar, é um jeito muito fácil de seguir em frente, sempre olhar para o sim, ser otimista, porém tendo o cuidado de não parecer lunático demais. Acho que foi esse meio-termo que fez aquele empresário acreditar em nosso potencial, ele viu um tanto bom de loucura nas propostas do meu pai, mas viu algo raro, que é o entusiasmo em querer vencer, fazer diferente, fazer mais com menos... são ações que contagiam e provocam ótimas reflexões. E, depois de algumas horas de muitas ideias, o empresário me tocou no ombro e disse:

– Se eu tivesse a força de vontade e o entusiasmo do seu pai, eu seria milionário.

Com meus 13 anos, olhei para ele e perguntei:

– Mas você não é?

Hoje consigo responder o que aqueles olhos me disseram naquele dia: dinheiro, patrimônio, bens não são sinônimos de sucesso ou riqueza, o que de fato buscamos na vida é combustível para seguir em frente, força propulsora de motivação, e cada um precisa encontrar a sua. Este é o grande segredo do sucesso: encontrar o verdadeiro motivo. Ser feliz na trajetória, e não no FIM.

Quer saber mais? Esse combustível é renovável. Quando você achar que o encontrou vem a melhor parte, que é descobrir que achá-lo não significa o fim, mas apenas o começo. Você já ouviu a frase "A vida começa aos 40"? Então, tem a ver com idade, sim. Segundo Rudolf Steiner, filósofo, educador e antropólogo austríaco, criador das escolas Waldorf, a vida se divide em setênios, ou seja, ciclos de sete anos, nos quais devemos viver cada fase e explorá-la em sua plenitude. Posso me arriscar em resumir ou apenas dar minha visão desse estudo tão rico de Steiner: do zero aos seis anos vem a primeira infância, quando o descobrimento do corpo é a palavra de ordem, vivemos tudo com a intensidade da primeira experiência; dos sete aos treze anos, vem a formação da personalidade e o papel dos pais é fundamental para a criação dos valores através das experiências sociais; dos quatorze aos vinte anos, ocorre o primeiro contato com as frustrações, as primeiras perdas, muito mais afetivas do que intelectuais; dos vinte um aos vinte e sete anos, vem a busca por conhecimento, pelo encontro com a identidade técnica, início das carreiras profissionais; dos vinte e oito aos trinta e quatro anos esses conhecimentos precisam ser aplicados, o profissional formado precisa gerar resultados; dos trinta e cinco aos quarenta e um, parece que esses conhecimentos e experiências começam a ser questionados, algumas dúvidas começam a surgir e a busca por respostas se intensifica, e, a partir dos quarenta e dois, vêm a maturidade e a clareza em saber o caminho, mas não estou falando de saber qual o caminho, e sim saber aonde quer ir, por isso, a vida começa e recomeça sempre que o destino é modificado, mas a força e o entusiasmo para procurar o caminho certo são a grande motivação para viver em harmonia consigo mesmo e, consequentemente, com as pessoas à sua volta.

Ficou claro como água que naquele momento, bem ali na minha frente, estavam dois perfis diferentes de profissionais.

De um lado, o empresário conservador do ramo de sorvetes, que viveu uma vida sempre muito regrada, com os pés no chão, sem nenhuma extravagância, e construiu uma empresa estruturada e lucrativa, porém duvido até que ele já tivesse tirado férias ao longo de sua jornada, pois tinha o perfil de quem acreditava que, caso se ausentasse de sua empresa, os funcionários não dariam conta ou, até pior, poderiam relaxar demais e comprometer os resultados, ou seja, ele era o dono e ao mesmo tempo o principal funcionário, tinha o comando, o controle e o poder (lembra dele?), e ainda fazia questão dessa hierarquia, a qual é chamada de *Empirismo*. Não que isso seja de todo ruim, pois principalmente nos momentos de crise o empirista se sobressai com ótimas ideias e assume os riscos de toda a operação.

Porém, do outro lado, bem à sua frente, estava o empreendedor visionário, que com certeza perdeu mais do que ganhou – financeiramente falando –, mas conheceu muitas possibilidades e alternativas, arriscou-se em inúmeros projetos e, mesmo quando obtinha êxito, não ficava totalmente satisfeito, pois o grau de exigência era sempre alto. Certamente também nunca havia tirado longas férias, mas por outros motivos: tinha o perfil de quem não consegue ficar sem fazer nada, dificilmente se afasta do local onde é produtivo, quer sempre trabalhar, pois, para ele, trabalho é sinônimo de produtividade, produtividade é sinônimo de realização e realização é sinônimo de prazer. Esse perfil inquieto também tem nome, chama-se *Efetividade*.

Mas é claro que alguma coisa eles tinham em comum, e a cada nova frase, ideia, experiência relatada por um ou pelo outro, ficava mais aparente que nenhum dos dois perfis é soberano quando falamos em parcerias de sucesso, ficava clara a importância de eles se unirem, pois um completava o outro, e vice-versa. Era o Empirismo se unindo à Efetividade, e, para equilibrar, eles precisariam aguçar as qualidades da *Eficiência* e da *Eficácia* para que o resultado final fosse bem-sucedido, pois sonhos e ideias visionárias somados ao alicerce estruturado das regras e metodologias aplicáveis, e acompanhados da boa estrutura física, técnica e financeira, dificilmente não atingirão bons resultados.

Por isso tantas empresas se fundem hoje em dia e, por isso também, falamos tanto em diversidade, o que não tem a ver apenas com orientação sexual, cor da pele, religião ou algo assim, diversidade vem de diversos, e, quanto mais diversas forem as nossas equipes, mais possibilidades teremos de formar uma equipe *eficiente* e *eficaz*, serão mais pares que se completam, mais grupos que divergem para o crescimento do todo, porém é necessário ter muita maturidade para que o conflito não se torne um confronto, precisamos de líderes e de gerentes trabalhando juntos.

Hoje em dia, algumas empresas para as quais eu presto meus serviços adotaram como valor Divergências Construtivas, um nome forte e que fortaleceu mais uma das inúmeras frases famosas do filósofo Mário Sergio Cortella: "Queremos o conflito para evitar o confronto". Ou seja, queremos o conflito de ideias, atitudes, pensamentos e interesses para evitar o confronto, que pode ser um acidente de trabalho, um prejuízo financeiro ou, ainda, o rompimento de um relacionamento pessoal.

Quando puxo pela memória aquele dia na sorveteria em Tatuí, me fortaleço ainda mais nesse conceito, pois vi, ouvi e presenciei dois perfis completamente diferentes, com trajetórias distintas e sem nenhuma influência entre elas, que, como num passe de mágica, se transformaram em parceiros, amigos, sócios – o chamado "amor à primeira vista", também conhecido como empatia.

E, após algumas horas de rabiscos nos guardanapos, tínhamos ali um leque de possibilidades, estratégias e dúvidas, por exemplo: será que os sabores mais vendidos em Tatuí seriam também os mais vendidos em Capão Bonito? Será que a nossa praça comportaria os mesmos valores aplicados ali? Além de questões como a temperatura dos freezers (mesmo sem ainda termos um), enfim, todas as informações que eram necessárias para vender sorvetes de alta qualidade. E parecia que tudo estava caminhando muito bem, até o momento em que o empresário conservador respirou fundo e disse:

– Até aqui tudo lindo, mas como vamos manter a temperatura desses sorvetes por mais de uma hora de viagem, para percorrer esses cem quilômetros de distância entre nossas cidades?

Aqueles segundos de silêncio pareceram uma eternidade, como se não houvesse uma resposta coerente, mas então o empreendedor audacioso disse uma das frases mais típicas desse perfil:

– Essa parte deixa comigo, vou dar um jeito.

Você já ouviu isso? Do seu chefe, do seu encarregado, do seu líder, ou até mesmo daquele colega de trabalho sempre mais proativo? Com certeza sim, mas tem uma diferença muito grande entre o oportunista, que quer apenas a chance de tentar, sem ter ao menos a noção de por onde começar, e o idealizador, que recebe imediatamente uma enxurrada de ideias e possibilidades em sua cabeça, e, mais do que depressa, começa a falar sobre todas elas, numa velocidade assustadora. A impressão era de que ele já tinha pensado em tudo isso antes, mas não, para ele, a complexidade do problema se torna um gatilho para novos horizontes. A criatividade entra em cena, uma criatividade instintiva, sem medo de errar ou se frustrar, com muito apetite de tentar.

Foi nessa situação que a metralhadora de ideias e possibilidades do nosso *Líder nato* começou a disparar:

– Venho buscar de carro mesmo, pois no início vamos levar em pequenas quantidades, apenas um balde de cada sabor, pois precisamos primeiro sentir a demanda. Vou tirar os bancos traseiros do carro, colocar caixas grandes de isopor, e venho de madrugada para voltar ainda muito cedo e fugir do calor. Também vamos colocar gelo em sacos para manter a temperatura.

Na época, não se vendia gelo ensacado em postos de combustível. Aliás, quem teve essa ideia? Congelar água, ensacar e vender... Genial! Voltando às ideias do nosso líder:

– É possível embalar em baldes menores? Para facilitar esse transporte? – perguntou ele.

A resposta para essa pergunta foi imediatamente negativa, pois precisaríamos de mais investimento para comprar essas embalagens menores, e só utilizaríamos essas embalagens por um período muito curto de tempo. Mesmo assim, nosso líder insistiu, argumentando que poderíamos usar embalagens caseiras mesmo, não precisaríamos investir, era só uma adaptação momentânea, também conhecida como "gambiarra", palavra essa tão temida nas áreas de produção, manutenção e segurança do trabalho. Mas por que esse medo todo? Porque, quando a gambiarra não é apenas por um tempo emergencial, se transforma num risco eminente. Muitos funcionários experientes, que conhecem os atalhos, querem se livrar do problema imediatamente e a gambiarra se torna uma ferramenta poderosa para isso, mas, se ela funcionar bem, quem sabe ficará ali até uma nova quebra acontecer, e é aí que está o maior perigo, confundir gambiarra com criatividade. Devemos ser criativos nos momentos de crise, mas, se existe uma maneira correta de se fazer, é essa que se deve adotar.

Enfim, tudo estava alinhado, e, depois de encontrarmos algumas soluções provisórias, voltamos para casa em completo silêncio. Foram quase duas horas de viagem, para percorrer cem quilômetros, o que eu achei estranho, pois normalmente a viagem não durava mais que uma hora e quinze minutos, mas curti cada quilômetro daquela viagem demorada. O semblante do meu herói era calmo e sereno, parecia que ele estava assistindo a um filme, e o silêncio entre nós era uma música de sucesso; foi realmente um momento mágico, aquela sensação de ter apostado na ideia e ter sido retribuído com a possibilidade da sua execução. Ainda não sabíamos se iria mesmo dar certo, mas só a chance real do sim já era nosso combustível.

Porém, nessa escola em que eu tive o privilégio de estudar todos os dias, tendo como mestre aquele empreendedor "fora da curva", nada era apenas como parecia, e, quando encostamos o carro na garagem da casa do meu tio (naquele momento estávamos sem carro, e esse era emprestado do tio Fernando), ainda em silêncio, ele desligou o carro, abriu os vidros e permaneceu em silêncio, assistindo àquele filme imaginário por mais alguns minutos. Então ele olhou no relógio, esperou mais alguns minutos e abriu a porta para sair. Nesse momento, como que para quebrar o clima, comentei:

– Demoramos, hein?

Meu pai já estava com um dos pés para fora do carro, então se voltou para mim, me olhou e, com um sorriso no canto dos lábios, disse:

– Você percebeu? Sim, foi de propósito, voltei mais devagar para simular quanto tempo irei demorar com o carro cheio, bem mais pesado em virtude dos baldes de sorvete.

O empreendedor que não para nunca, não deixa de pensar, de agir, de testar, de dividir e, principalmente, de tentar novas alternativas, pois são elas a maior fonte de inspiração e motivação. Para ele, novas alternativas abrem sempre um leque para possíveis novas melhorias e, claro, novas conquistas.

Naquele momento, eu pensei: "caramba, como sou idiota, pensei que ele estava vindo devagar para curtir a vitória, mas não, ele já estava testando os recursos". Opa! Recursos? Sim, para fazer todo esse processo do transporte do sorvete precisávamos de recursos, e, nesse caso, o principal deles era o carro, que nós não tínhamos. Então perguntei novamente:

– Mas com qual carro faremos isso?

E novamente ouvi a resposta clássica:

– Deixa isso comigo!

Tudo isso aconteceu numa sexta-feira e estava combinado de buscarmos os sorvetes na terça, pois eles eram produzidos na segunda (dia em que a sorveteria tinha seu menor movimento), ou seja, ele tinha apenas o final de semana para encontrar alguém que vendesse um carro fiado, ou pelo menos emprestasse, mas não seria fácil encontrar alguém que deixasse retirar os bancos traseiros para transportar baldes cheios de sorvetes, enfim, era mais uma situação complicada.

Trabalhamos duro naquele final de semana, pois já estava muito quente e os doces já não tinham a mesma aceitação. Meu pai estava muito agitado, entrava e saía sem avisar, ficava alguns períodos ausentes, e nem sequer jantamos juntos naqueles dias, mas no domingo à noite, quando já estávamos prontos para dormir, ouvimos uma buzininha fraca em nossa porta. Quando saímos de pijama para ver quem era, adivinha quem estava lá? Sim, ele havia conseguido, pelo menos provisoriamente, um Fusca 1969. Era um carro pequeno e com quase vinte anos de uso, um tanto malcuidado, mas já era alguma coisa. Ele desceu daquele carrinho como quem sai de uma Ferrari – era muito bom vê-lo feliz –, beijou minha mãe e, só com um olhar, pulamos para dentro do carro para dar a primeira volta em família. Demos várias voltas na praça bem devagar, meus irmãos pulando no "chiqueirinho" (um tipo de porta-malas interno que aquele modelo tinha) e eu com o rosto entre os bancos, tentando ouvir os comentários do meu pai, pois ele estava tão feliz contando como havia conseguido aquele carro que era contagiante ouvi-lo. Ele tinha ido buscar o carro num sítio na zona rural a mais de quinze quilômetros de estrada de terra da cidade, um compadre do meu avô materno já não usava mais o carro e, é claro, meu avô foi o fiador da negociação. No dia seguinte, meu tio, que trabalhava em uma oficina, iria retirar os bancos e fazer alguns ajustes, assim como algumas melhorias necessárias para pelo menos garantir a segurança e o trajeto completo, nesse caso, ir vazio e voltar carregado de sorvete.

As primeiras dificuldades logo apareceram. Quando havíamos testado o tempo da viagem, estávamos com um carro praticamente novo e muito mais potente, ou seja, deveríamos acrescentar mais alguns minutos no trajeto de volta – com um carro pesado e bem mais velho – ou seja, sair ainda mais cedo para não enfrentar o sol na volta, mas não adiantaria chegar lá mais cedo, pois o horário dos funcionários na sorveteria começava às cinco da manhã.

Mesmo com tantas adversidades, chegamos às 4h45, aguardamos um pouco e logo começamos a carregar o carro. Optamos por carregar menos do que a programação inicial, pois estávamos preocupados com o desempenho do veículo – em alguns casos, *menos é mais*. Finalizamos o carregamento por volta das seis da manhã e seguimos viagem. No meio do caminho, a coisa começou a se complicar, pois já passava das sete horas e ainda teríamos quase mais uma hora de viagem, o gelo já estava derretendo e o sol subindo forte, mas, em vez de acelerar, nosso líder começou a falar:

– Precisaremos de mais gelo na próxima viagem, vamos trazer caixas de isopor menores para o gelo reserva e vou tentar negociar com os funcionários um valor extra para eles chegarem lá mais cedo. Virei sozinho para poder tirar o banco da frente também.

E foram muitas ideias, um novo *checklist*, sempre necessário: pensar, analisar, conferir, rever e, principalmente, recomeçar, se for preciso.

Sem sequer imaginar, ele já estava aplicando a Regra dos "3 Ps" desenvolvida pela empresa Dupont em seu consagrado programa de Comportamento Seguro:

✓ Parar (sair do piloto automático);
✓ Processar (analisar e mitigar os riscos);
✓ Prosseguir (com segurança e eficácia).

Chegamos com o sol já alto. Os comerciantes estavam chegando às suas lojas, alguns curiosos ao nos verem descarregando aqueles baldes coloridos, alguns mais líquidos do que os outros, mas conseguimos aproveitar quase tudo, ficamos até quase dez horas limpando e posicionando tudo, pois o *layout* havia mudado por completo, os doces agora eram coadjuvantes, os atores principais seriam os sorvetes, e os mais saborosos e vistosos eram os de frutas. Eu estava tão envolvido com as mudanças que nem percebi a agitação do nosso líder; quando me dei conta, percebi que ele estava mudando o *layout* novamente, parei e fiquei aguardando a nova ordem, pois a estratégia inicial era colocar os baldes de sorvete no freezer maior e mais potente, e, no expositor de vidro continuariam os doces, mas isso seria lógico demais, o mais óbvio e fácil de fazer, e não o mais correto. Na verdade, seria, sim, a forma mais correta, pensando em conservação do produto, mas não a forma mais criativa, de maneira a chamar a atenção e vender com os olhos, como ele sempre nos dizia.

Depois de quase tudo pronto, nosso líder chegou com alguns potes de plástico transparentes e menores, e rapidamente entendemos a mensagem. Começamos a tirar o sorvete dos potes grandes e colocamos nos potes pequenos em porções menores, sempre os de frutas, pois eram mais coloridos e tinham pedaços enormes de frutas, e esses potes menores foram colocados na vitrine refrigerada sem tampa para que os clientes pudessem olhar e degustar antes de escolher os sabores. Alguma semelhança com as gelaterias chiques de hoje em dia?

Depois de todas essas mudanças inesperadas, conseguimos abrir com o novo *layout*, com quase duas horas de atraso. Já passava da hora do almoço dos comerciantes, mas abrimos com grandes expectativas, e valeu a pena a curiosidade em experimentar antes, as cores vivas, os pedaços de frutas aparentes e, para completar, uma casquinha crocante que era uma delícia.

Tivemos muito sucesso naquele dia. As vendas foram tão boas que naquela mesma semana de estreia do sorvete meu pai precisou fazer mais duas viagens; claro que, se tivéssemos mais estrutura, um carro melhor e mais freezers para armazenar os sorvetes, o nosso lucro seria bem mais alto, pois as despesas que tivemos com a logística e as perdas com alguns sabores que acabaram derretendo mais rápido – os feitos à base de leite – pesaram desfavoravelmente nesse sentido.

Em pouco tempo, nos adaptamos a essa nova demanda, ajustamos os horários e acrescentamos novidades praticamente todas as semanas, tais como: caldas quentes, sabores novos, cardápio com taças enfeitadas, enfim, inquietude e disposição para enfrentar a rotina, acredito que esse possa ser o modelo ideal para qualquer segmento.

Inquietude + Novidades = Motivação

Costumo sempre fazer um balanço de todas as fases da minha vida, em todos os sentidos, pois acredito que o passado pode ser a base para um bom futuro, no qual cultivar nossas essências é a fonte da juventude, sem abrir mão daqueles momentos marcantes, mesmo os mais frustrantes ou decepcionantes.

Pensando assim, sempre fecho cada ciclo com uma experiência marcante. Das muitas que me ocorreram nessa primeira fase da minha vida, entre o "baleiro do cinema" e a "doceria", pode ter certeza de que a mais forte delas eu costumo chamar de "vitória do fracasso", e você vai entender o porquê desse nome.

Sabe aqueles momentos em que erramos tentando acertar? Pode ter certeza de que isso não existe. Se você errou, era porque as condições não estavam boas, a estratégia não era a melhor, as ações não foram bem planejadas ou até mesmo o profissional não estava preparado o suficiente.

4
A vitória do fracasso – líder compreensivo

Era um sábado qualquer, de um final de fevereiro qualquer, de uma tarde chuvosa qualquer, num dia sem quase nenhum movimento. Eu estava doido para que as 19h batessem em meu relógio para poder me reunir com meus amigos naquele sábado, mas o tempo parece não passar quando não se está no local que de fato se quer estar, ou quando se está fazendo aquilo que não lhe dá prazer, ou, pior, quando a sua mente não está ali com você. Esse era o meu cenário naquele final de tarde.

Porém, como num conto de fadas, uma carruagem parou em frente ao nosso estabelecimento. No final da década de 1980, ela se chamava *Diplomata Comodoro*, da Chevrolet, cinza claro na parte de cima e chumbo na parte de baixo, era o carro dos sonhos daqueles que podiam sonhar alto. Lembro como se fosse hoje daquele senhor de cabelos grisalhos, alto e muito bem vestido descendo lentamente de sua carruagem – me chamou muito a atenção o brilho do seu relógio, que muitos anos mais tarde fui descobrir que se tratava de um *Rolex*. Aquele forasteiro ficou parado por alguns instantes em frente à nossa casa de doces, meio que duvidando se estava no lugar certo, mas entrou e, com um sorriso meio irônico, me abordou perguntando:

– É aqui que se vende o melhor sorvete de morango da cidade?

Sempre reagi muito rápido nas situações em que ficava acuado e respondi, também sorrindo, mas no meu caso, um sorriso de aflição:

– Não, é aqui que se vende o melhor sorvete de morango da região!

Pronto, numa resposta rápida eu havia desarmado o cliente, era uma estratégia boa, mas era ele quem ainda estava com o par de *Ases* na mão, pois imediatamente me elogiou, me agradou e logo parecíamos bons e velhos amigos. Aquele forasteiro era um grande empresário da capital e acabara de comprar uma fazenda em minha cidade, estava ali à procura de uma sobremesa para o jantar em que iria receber seus novos vizinhos.

Foi então que os negócios começaram. Ele perguntou muitas coisas: quem fabricava os sorvetes, de onde vinham os doces, qual deles vendia mais, de quais eu mais gostava, e, é claro, eu ia respondendo tudo nos mínimos detalhes, supermotivado. Aprendi ali que, para concluir bons negócios, você precisa se tornar parte dele, e, para tanto, é necessário conhecer todos os pontos de vista, seus detalhes, suas estratégias e, principalmente, fazer as melhores perguntas, pois são elas que nos darão as melhores informações e, também, direcionam quem está no comando na negociação, e naquele dia não era eu.

Depois de ter preparado o terreno, feito a pesquisa de campo e abordado o trabalhador, veio a proposta daquele forasteiro negociador de mão cheia:

– Diga-me, garoto, quanto custa o balde de sorvete?

Eu fiquei em choque, pois seria a venda dos sonhos. Em uma única venda eu bateria todas as metas da semana, ainda mais naquele dia tão fraco. A sorte parecia estar sorrindo para mim, mas, como diz o ditado popular: "Quando a esmola é demais, o Santo desconfia".

Rapidamente o forasteiro percebeu que eu nunca havia vendido no atacado nem ao menos imaginava o valor de um balde fechado, pois era sempre o nosso patrão quem cuidava disso. Dificilmente naquela época algum funcionário de uma empresa pequena como a nossa participava de reuniões de resultados, de alinhamento estratégico ou sequer tinha informações referentes aos custos e margem de lucro. Bem, ainda hoje muitos não participam, mas a importância dessa troca de informações é tão grande e muito maior do que se pensa, precisamos, sim, colocar todas as equipes, departamentos e setores por dentro da operação, das negociações e, também, do faturamento e lucro da empresa, isso se chama transparência, a verdadeira "alma do negócio".

Foi nessa situação de total falta de conhecimento que eu achava que estava no comando da maior de todas as minhas negociações até aquele momento. Lembra que eu falei que era rápido quando me sentia acuado? Então, resolvi abrir o jogo:

– Não sei ao certo quanto custa cada balde, mas tenho certeza de que o de morango é o mais caro.

Era uma tentativa de superfaturar, oportunidade de bônus de venda, mas será que era correto? Lembra do ganha-ganha?

– Vamos fazer o seguinte! Tentaremos calcular no olho mesmo. Quantas bolas de sorvete se conseguem tirar por balde? – ele perguntou.

Caramba! Aquela era a conta mais básica ainda, que eu precisava saber desde sempre, quantas bolas de sorvete renderiam de cada balde, para então chegar ao nosso verdadeiro lucro, mas, numa empresa familiar e não especializada no ramo como a nossa, cuidávamos apenas dos valores macro, ou seja, o cálculo de quanto entrou e de quanto saiu para chegar ao lucro. Muito pouco para quem sonhava em se dar bem no setor de vendas de varejo.

Tiramos então umas dez bolas de sorvete daquele único balde de morango – é, eu disse único, pois, com um verão de muitas chuvas fortes, a safra de morango havia sido arrasada e encontrá-los era raridade. Mesmo sabendo dessa informação, continuamos a negociação. Para mim, cada balde poderia render umas cem bolas; se cada bola era vendida por dois reais, duzentos reais era um bom preço, mas então me lembrei da embalagem e, enquanto eu tentava chegar num valor bom para mim, o comprador misterioso mais do que depressa fez a oferta:

– Duzentos reais pelo sorvete, mais cinquenta reais pela embalagem, mais cinquenta reais para eu levar algumas casquinhas e, para fechar, mais cinquenta reais pela atenção que você está me dando, dessa forma, eu pagarei trezentos e cinquenta reais pelo seu balde de sorvete de morango. Aceita?

Aquela sensação foi incrível, meu corpo tremia inteiro, era música para os meus ouvidos, uma proposta irrecusável, e, após alguns segundos em outra órbita, voltei à Terra e respondi forte e convicto:

– É seu. Negócio fechado!

Apertamos as mãos e tudo estava feito, o forasteiro havia conquistado o seu bem e saído feliz, eu havia batido todas as metas e feito a melhor e maior de todas as vendas, pelo menos era o que eu achava. Era um sentimento único, que eu nunca havia degustado; se eu tivesse que descrever numa única palavra, acho que seria êxtase.

Ainda faltavam mais uns vinte minutos para encerrar o turno, mas, depois daquela venda mágica, por que esperar? Eu queria correr para casa e contar para todos, principalmente para o nosso *chefe*. Fechei tudo, praticamente sem a limpeza e a organização final que faziam parte do nosso protocolo, mas a empolgação era tanta que eu queria dividi-la com a minha família. Cheguei em casa eufórico, minha mãe estava finalizando o jantar, meus irmãos, saindo do banho e meu pai, ajudando a pôr a mesa. Passei por eles feito uma flecha, tomei um banho relâmpago e, sem conseguir parar de sorrir, me sentei com todos. Claro que eles estavam curiosos para me ouvir, então comecei a contar sobre a maior de todas as vendas daquela família doceira.

É claro que não perdi a oportunidade de florear um pouco, de acrescentar alguns toques de suspense, de valorizar minhas habilidades de negociação e, até mesmo, de persuasão. No meio da história, perguntei ao meu pai quanto ele pagava em cada balde, e foi aí que eu cresci ainda mais, pois cada balde custava, em média, cento e cinquenta reais, ou seja, eu havia conseguido mais de duzentos por cento de lucro numa única venda. Eu finalizei o contexto mais eufórico do que nunca, meus irmãos gritaram e me aplaudiram, minha mãe se levantou e me deu um beijo rápido na testa e então voltou para a pia para cuidar da louça – percebi naquele gesto que não era a venda dos sonhos –, mas, quando olhei para o nosso *Líder nato*, percebi que ele estava com um olhar distante, com um semblante preocupado, não entendia a reação dele. Aos poucos a adrenalina começou a baixar e, mesmo com muito medo da resposta, perguntei:

– Não fiz certo, pai?

Foi nesse momento que ele voltou a me olhar nos olhos e disse:

– Tudo certo, o preço foi justo, parabéns pela sua iniciativa, mas amanhã é domingo e o movimento será forte, por isso, vamos dormir e descansar.

Fiquei sozinho à mesa, sem entender nada, mas já ciente de que não havia feito a coisa certa, fui do céu ao inferno em minutos. Demorei muito para dormir naquela noite, tentando imaginar onde estava o erro, afinal eu tinha conseguido lucro, tinha batido a meta e ainda fiz isso num dia ruim de vendas. Como algo podia estar errado?

No dia seguinte vieram as respostas de que eu precisava. Acordei cedo para jogar futebol e achei estranho que meu pai já havia saído e de carro, o que não era comum em um domingo, pois sempre acordávamos um pouco mais tarde, já que a doceria abriria apenas às 10h. Perguntei para minha mãe se tinha acontecido alguma coisa, mas ela, para me poupar, disse que não sabia e me mandou ir jogar bola. Confesso que fui, mas não consegui jogar, a minha mente não estava ali, então saí mais cedo do treino e voltei para casa, mas ele ainda não havia voltado. Fomos abrir a doceria como em todo domingo, um pouco antes de a missa terminar, pois eram os nossos principais clientes daquele horário.

Parecia incrível, mas todos os clientes que eu atendia só perguntavam por um produto: sorvete de morango. E onde ele estava? No meu bolso, depois da tal venda dos sonhos. Lá pelas 10h30, o fusca 1969 estacionou na rua ao lado e, de longe, vi meu pai descer do carro, igual quando ele chegava com o filme no cinema, suando e com uma prioridade imensa em descarregar a mercadoria. Saí imediatamente para ajudá-lo e comecei a ver sabores de sorvete que nunca havíamos vendido antes: salada de fruta, manga, málaga (passas ao rum), kiwi, frutas vermelhas e outros ainda mais estranhos. Sem perguntar nada, fui descarregando enquanto ele organizava os sabores novos nos potes menores para colocar no expositor. Lembro que, quando ele cumprimentou minha mãe com aquele beijo na testa tradicional, não estava tão feliz, pois sempre vinha uma brincadeira depois do beijo, mas naquele momento isso não aconteceu. Depois de tudo arrumado, limpo e organizado, ele não precisou me explicar nada, foi só o próximo cliente chegar para eu entender a "merda" que eu havia feito, pois a dona Cotinha, nossa cliente mais assídua de todo domingo pós-missa, entrou e pediu:

– Sr. João, por favor, coloca para viagem seis bolas de sorvete de morango.

Meu pai se levantou de trás do balcão e disse:

– Nossa, dona Cotinha, hoje estamos em falta do sabor morango, mas a senhora já experimentou o novo sabor de frutas vermelhas?

Parecia que o chão não estava mais sob meus pés, eu queria me esconder de vergonha, queria voltar no tempo, mas isso não era possível, porém, aquela lição, por mais dura que tenha sido, foi um divisor de águas na minha então curta carreira de vendedor. Comecei a juntar as peças daquele quebra-cabeça e, no final do dia, estávamos todos exaustos, mais do que o normal, pois tínhamos que convencer os clientes a experimentar outros sabores para substituir o nosso carro-chefe, para ao menos tentar compensar a falta do nosso campeão de vendas: o *sorvete de morango*.

Naquele domingo, logo pela madrugada, o nosso *Líder nato* precisou de um plano B para tentar compensar uma estratégia de venda malsucedida, no caso, a minha. Pegou o carro e seguiu 100 km até Tatuí para tentar encontrar um pouco de sorvete de morango para atender o nosso verdadeiro público-alvo, que eram os moradores da nossa cidade, aqueles clientes de todos os domingos, as famílias que nós conhecíamos desde muito antes, os moradores da zona rural que vinham para a cidade para gastar seu digno salário com coisas que não se encontravam na roça. Por isso, entender a missão é, de fato, entender as necessidades dos clientes, e essas necessidades são os verdadeiros propósitos de qualquer empresa. Então, quando ele não conseguiu o sorvete de morango, veio com outras opções, para não voltar de mãos vazias e sem alternativas. Um *Líder nato* procura alternativas e novas possibilidades o tempo todo, nunca desiste, pois sempre encontra boas oportunidades até mesmo nos momentos de crise, basta saber procurar e, principalmente, procurar no lugar certo. Se ele fosse *Líder por poder*, poderia apenas jogar a culpa em mim e não tentar fazer nada, ficaria lamentando e até me castigaria. Mas ele era um *Líder por autoridade*, acredito que nem tenha dormido direito naquela noite, pensando em como supriria a falta do nosso sorvete de morango, pois é isso que os vencedores fazem, procuram soluções, e não culpados.

Depois de todas as mensagens recebidas naquele dia, eu esperava por uma punição, na verdade eu queria receber um castigo ou ao menos precisava me desculpar com ele, mas não encontrava um momento para isso. Chegamos em casa todos juntos e, cansados, pedimos uma pizza, comemos em silêncio e só um pouco antes da hora de dormir consegui ficar a sós com ele, mas não pude dizer nenhuma palavra, apenas o abracei e chorei. Para minha surpresa, depois de alguns segundos de desabafo emocional, ele começou a rir e disse:

– Aquele de frutas vermelhas é muito ruim!

Então ria e me abraçava ao mesmo tempo. Agora nós ríamos juntos, até que o nosso barulho fez com que meus irmãos e minha mãe saíssem do quarto e, sem saber o porquê, começaram a rir também. Lembro que começamos a contar "causos" de clientes chatos, falamos dos dias de preguiça na hora da limpeza, de doces que comemos e não registramos no relatório de saídas, enfim, lavamos a alma, com lágrimas e revelações escondidas dentro de cada um.

Quando me recordo desse momento, compreendo a importância dos diálogos abertos, do bate-papo com o gerente, da roda viva com a diretoria, enfim, independentemente do nome que as empresas dão, o mais importante é o objetivo, que é estreitar relacionamentos, promover abertura entre as áreas, setores e células, de fato promover os valores que diferenciam as empresas, e o mais importante deles é a *transparência*.

Foi aí também que eu comecei a me interessar por um tal de AMOR. Palavra de apenas quatro letras, mas com uma força tamanha, capaz de mudar o mundo, aquela que mantém uma luz sempre acesa no final do túnel, capaz de superar todos os obstáculos que a vida nos traz, mesmo aqueles que causam perdas irreparáveis. Com AMOR somos capazes de lembrar com saudade e ao mesmo tempo alegria, somos capazes de congelar momentos ruins e reaquecer os bons – quem sabe seja por isso que alguns falam que o amor é cego.

Mas você pode ter certeza de que a única coisa que o amor não é, é cego. Quando se ama de verdade, somos sinceros o suficiente para encarar juntos todas as dificuldades e problemas, sem esconder nenhum detalhe ou fraqueza, prontos para chorar e reconstruir, mesmo que algumas sequelas apareçam posteriormente. A união pelo amor é, sem dúvida, o alicerce mais forte e poderoso de todos os momentos da vida.

> "O exercício do AMOR verdadeiro não pode cansar o CORAÇÃO."
>
> Frase creditada ao benfeitor espiritual Emmanuel, no livro **Vinha de luz**, psicografado por Chico Xavier.

No capítulo 11, item 9, de *O Evangelho segundo o Espiritismo*, elaborado por Allan Kardec, encontramos belíssima mensagem, a qual afirma que o amor, como semente divina que todos possuímos, é encontrado em todos os seres, desde os mais primitivos até os mais espiritualizados. Isso significa que esse sentimento apresenta vários níveis, conforme o grau de evolução de cada ser:

1. O amor no estágio infantil. É aquele da pessoa que não cogita amar, mas sim ser amada, cuidada, amparada. É o nível que está mais próximo do instinto de sobrevivência, dependendo-se de alguém que proteja e ampare. É o que encontramos nos primeiros anos das crianças. No entanto, há pessoas que atravessam toda uma existência nesse padrão evolutivo, tudo querendo receber de amores e cuidados, nada oferecendo em troca.
2. O amor no estágio egoísta. Esse nível se confunde com o anterior. É mantido pela exagerada importância que a pessoa atribuiu a si mesma, colocando-se como o centro das atenções. Ela ama, mas o mais importante é o que ela sente ou deseja, e não o que a pessoa amada sente ou deseja. Infelizmente, a maioria de nós ainda se encontra nesses dois primeiros níveis.
3. O amor amadurecido. As pessoas que já atingiram esse nível colocam o outro como o ser mais importante. Já sabem compartilhar, repartir, conceder, dimensionar as necessidades daqueles

a quem amam. Não se sentem diminuídas, nem humilhadas, ao ceder em favor da felicidade de seus entes amados. Preocupam-se mais em amar do que se sentirem amadas.

4. Amor divino. É aquele exemplificado por Jesus. É o nível mais alto a ser atingido. Jesus era o próprio amor, amadurecido, gerando frutos, deixando sementes. Ele é a própria mensagem de amor. Esse é o nível ao qual devemos aspirar.

Emmanuel afirma que somente o amor verdadeiro não se cansa, o que significa que, ao nos sentirmos cansados diante de alguma situação ou alguém, precisamos analisar se o sentimento que nos move em relação a esse alguém ou a essa situação é o amor verdadeiro. O amor verdadeiro deve ser a motivação maior de nossa vida! Nenhum outro sentimento é tão cantado e versejado. Entre tantas rimas e frases, destaco uma do compositor Almir Sater, em um de seus sucessos, a música "Tocando em frente". No seu refrão há um verso que afirma: "É preciso amor pra poder pulsar". Grande verdade! O amor é isso mesmo! Uma energia que pulsa dentro de nós! E tudo que pulsa produz vibrações; tudo o que vibra irradia; tudo o que irradia atrai; tudo o que atrai impulsiona! Grandes verdades, tanto no aspecto moral como no filosófico, e, nesse caso, inclusive no aspecto científico.

Sendo assim, analisemos se estamos colocando o amor verdadeiro em tudo o que fazemos, seja no campo familiar ou no profissional, entre amigos e colegas, na vida social etc.

Relembrando a doce Madre Teresa de Calcutá, "não importa o que você faz, nem quanto você faz; o que importa para Deus é quanto de amor você coloca naquilo que faz!".

"A mais bela de todas as coisas" (Madre Teresa)
(Grupo Espírita Allan Kardec)

5
Novos horizontes – líder renovado

Em tão pouco tempo, depois de tantas experiências no novo negócio, a nossa "Casa de Doces Caseiro" estava indo muito bem. Foi um verão fantástico, vendemos tanto que rapidamente pagamos as últimas dívidas e já estávamos pensando em acrescentar novidades ao cardápio, implantar um sistema de entrega aos finais de semana e até em ampliar o espaço físico da loja, enfim, estávamos todos empolgados e motivados, e foi com esse cenário favorável que o nosso *Líder nato* entrou em ação mais uma vez, convocando uma reunião em família. Todos nós pensamos que era para decidir quais das ideias de ampliação do negócio iríamos aplicar primeiro, aquela boa estratégia de crescimento e consolidação de mercado, mas nada era tão previsível assim com o nosso comandante, que já abriu a reunião fazendo a seguinte pergunta:

– E vocês, como estão? Felizes?

Depois de alguns minutos de silêncio, não sabíamos se ele estava perguntando o que sentíamos individualmente, ou se era em razão dos bons resultados da nossa empresa. Então, ele completou: – Não estou querendo saber sobre a nossa empresa, ou sobre nossos resultados, pois todos nós sabemos que estamos indo muito bem. Estou perguntando realmente sobre a vida de vocês, precisam mudar algo? Estão sentindo falta de alguma coisa?

Foi então que minha irmã caçula levantou a mão e perguntou:

– Não vamos para a praia? Todas as minhas amiguinhas foram.

Houve um silêncio novamente, mas em seguida nosso líder abriu um largo sorriso e disse:

– Era disso que eu estava falando, do "tempo". Com certeza já descobrimos que esse ramo alimentício é muito rentável e nós desenvolvemos um modelo muito interessante de negócio, conseguimos pagar todas as nossas dívidas em pouquíssimo tempo e agora até estamos com um pouco de capital para darmos alguns passos mais audaciosos, porém, se seguirmos com esse negócio, dificilmente teremos tempo. É, isso mesmo, estou falando de folga, pois o trabalho é de domingo a domingo, e os finais de semana são os dias mais fortes e puxados, é nas férias que o sol esquenta e são nesses dias que as vendas aumentam, dessa forma, estamos com dinheiro, mas sem tempo para férias, ou, no máximo, conseguiremos sair de férias fora de época, ou seja, férias de poucos dias e ainda no frio.

Ficamos um tempo maior em silêncio dessa vez, e foi aquela explicação que me fez entender por que algumas vezes ouvimos a pergunta: "Qual é o preço do sucesso?".

Essa relação trabalho, lucro e lazer não é uma equação simples e muito menos fácil. E naquele momento meu pai não estava falando em abrir mão dos lucros, ele estava propondo, mais uma vez, mudar de ramo, seguir novos caminhos, ter mais tempo para a família. Não quer dizer que iríamos trabalhar menos, como alguns pensam, pois ser patrão não é sinônimo de ter menos trabalho, muito pelo contrário, ser dono do próprio negócio exige mais responsabilidades, mais trabalho, mais esforços, disciplina e dedicação, menos tempo de folga, menos férias e assim por diante. Mas, no nosso caso, de acordo com o nosso perfil, se ficássemos com a doceria, com certeza teríamos cada vez menos tempo de lazer para a nossa família, pois, além de tudo o que já falamos, o trabalho era puxado e o desgaste físico era alto, ou seja, para nós, folga era sinônimo de cama. Você já se sentiu assim? Esse pode ser o principal indício de que você está enxugando gelo, pois de que adianta ter dinheiro sobrando se você não tem forças para usufruir dele, ou simplesmente não tem tempo para gastá-lo?

Foi depois dessas reflexões que tomei coragem e perguntei:

– E em qual ramo vamos ingressar agora?

Claro que eu tinha mordido a isca, pois já estava tudo articulado naquela mente empreendedora, ele já havia estudado as variáveis e pesquisado o mercado, estava apenas querendo conquistar seus adeptos, pois algo muito forte no *Líder nato* é a inclusão da equipe, ele está sempre um passo à frente, pensa muito antes de todos, descobre os atalhos, mas tem total consciência de que sozinho é impossível crescer. Então, ele começou:

– Vamos transformar nosso *hobby* em profissão: vamos abrir uma loja de Fotografia e Filmagem.

Desde que me conheço por gente, a imagem que tenho do meu pai em todos os eventos familiares, da escola, do judô, do futebol, ou em qualquer outra data especial, como dia das mães, dos pais, das crianças, era ele com uma câmera na mão, na época a Super 8, no começo ainda sem áudio, depois as Panasonic ou as boas e velhas Pentax com lentes 35/80mm. Ele fotografava e filmava tudo, desde festa junina até os nossos aniversários. Acredito que temos um dos maiores acervos pessoais do mundo, e, se um dia eu ficar famoso, os programas de televisão se esbaldarão ao mostrarem meus "arquivos confidenciais" (risos). E só por isso já era muito mais fácil iniciar esse novo negócio do que foi começar a *doceria*, pois já tínhamos experiência e *know-how* suficientes para nos mantermos atualizados no mercado, tínhamos até os itens mais caros, que eram as câmeras. Assim, precisávamos de um ponto bem localizado, de um investimento inicial em produtos de varejo para manter o estabelecimento ativo no dia a dia e de uma boa estratégia de *marketing* para entrar no mercado – que era dominado (e é até hoje em dia) por uma família muito tradicional de origem japonesa (que tem tudo a ver com foto) que reside em nossa cidade, e dividir o mercado com uma empresa tão sólida, altamente estruturada e com um diferencial muito importante: o fato de que eles também trabalhavam em família, os pais e filhos faziam tudo, assim como nós. Tudo isso numa cidade tão pequena e com uma concorrência extremamente qualificada, muito consolidada no mercado e altamente performática, seria o maior de todos os desafios.

Porém, o nosso *Líder nato* quebrou todos os protocolos de concorrência. Mesmo antes de acharmos o ponto comercial, ele foi até essa empresa familiar "concorrente" e explicou seus interesses, disse que iria entrar para esse ramo e que gostaria muito de continuar tendo-os como amigos e, agora, parceiros. Explicou que gostaria de poder pedir ajuda e até mesmo ajudar, na medida do possível. Foi um gesto nobre, mas também estratégico, de se mostrar conhecedor da realidade, conhecedor da nossa capacidade, pois não queríamos os clientes deles, e sim aqueles clientes que eles não tinham. Transferindo para os dias de hoje, podemos comparar às academias de ginástica; todas elas seguem uma tendência mundial, até as cores e letras parecem iguais, mas, quando alguma traz uma inovação, mais do que depressa as outras copiam nos mínimos detalhes. Por que, então, não atender a demanda personalizada, respeitando sua cidade, seu bairro, sua região, seu público-alvo?

Com certeza há e sempre haverá espaço para todos, e, quanto mais opções, melhor. O problema é sempre ter mais do mesmo. Precisamos entender que, se a concorrência só copia, não é concorrência, é continuidade, e aí teremos menos clientes para todos.

A metodologia estava clara, buscaríamos aquele cliente mais informal, que gostasse de uma trilha de *rock and roll* como fundo musical do seu casamento, sessão de fotos em lugares inusitados, entre outras mudanças que iríamos propor nesse novo segmento.

Meu pai queria retratar nas fotos e vídeos dos seus novos clientes toda a experiência que viveu atrás das máquinas de projeção dos cinemas, pois havia assistido a tantos filmes que seria até impossível de contar, e todas essas horas como telespectador lhe renderam muita experiência de imagens, sons, efeitos e, principalmente, como transmitir emoção. Sua frase clássica quando assistia a qualquer filme das nossas reuniões familiares era:

– Filme familiar precisa ter emoção!

– Precisamos descobrir os gostos dos clientes, saber quais músicas eles curtem, qual ambiente frequentam, quais hobbies praticam.

Enfim, no início da década de 1990 ele já estava falando de perfil de cliente, algo muito determinante para o sucesso dos negócios globalizados desse mundo digital e dinâmico de hoje.

Mas e a casa de doces? É verdade, ainda estávamos com a casa de doces aberta e precisaríamos tomar algumas decisões: a primeira e mais importante delas era decidir o que faríamos com a *doceria*, se iríamos fechar, vender, arrendar ou simplesmente transformar no novo negócio. Bem, isso é o que nós achávamos mais uma vez, mas, na verdade, tudo já estava muito adiantado, meu pai já havia encontrado um comprador, mas não era qualquer comprador, era um casal de primos que meu pai praticamente ajudou a criar, e, é claro, fez aquele negócio de pai para filho, pois resolveu o nosso problema e ainda deu uma grande oportunidade de futuro para eles. Além disso, já tinha negociado o novo ponto com o mesmo proprietário, que, por sinal, tinha vários imóveis na famosa rua Direita.

A partir daí, o caminho foi muito mais rápido que das outras vezes, já estávamos mais velhos, por isso acompanhamos mais rápido as ideias do nosso líder e nos adaptamos depressa às novas mudanças. Isso é o que a experiência nos traz, quanto mais cedo se tem contato com a prática, com as adversidades, com os erros e acertos, muito mais cedo se aprende, se destaca nas situações difíceis. Errar não é o problema, desde que erre rápido e corrija mais rápido ainda. Eric Ries aborda este tipo de estratégia em seus dois livros, *A Startup Enxuta* e *O Estilo Startup*. Certamente, os profissionais que começam cedo enfrentam as dificuldades com mais entusiasmo, pois ninguém gosta da rotina, principalmente os profissionais que põem a mão na massa. Foi a lição que aprendi quando li o meu primeiro livro sobre gestão e liderança, *Quem mexeu no meu queijo*, de Spencer Johnson, em que ficou muito claro o poder das avaliações constantes, dos *checklists*, das reuniões, das divergências, enfim, tudo o que eu vivia dentro da nossa empresa familiar, mas com uma diferença gritante: quando se estuda e se têm informações atualizadas, as ações reativas se tornam minoria, pois mesmo as falhas já estavam organizadas na prateleira das possibilidades. Uma frase creditada a um provérbio chinês que já ouvi em diversas reuniões de planejamento e de segurança do trabalho nas empresas em que atuo é: "*espere sempre pelo melhor, mas planeje sempre para o pior*".

Por isso, aprimorar-se em cada conceito, com métodos e procedimentos que já haviam sido testados em outras empresas ou em outras realidades, se torna um fator de extrema importância para quem não tem tempo para errar. Mais do que nunca as empresas fazem Workshop, Network, Programa de Portas Abertas, participam de Congressos e incentivam os profissionais a conhecerem novas áreas, pois não estão apenas mostrando seus produtos e métodos, mas, sim, testando e conhecendo os produtos e métodos dos outros. *Business* é movimento, aceleração, totalmente contrário à estagnação e ao comodismo.

Visitar a concorrência, os fornecedores e os parceiros é imprescindível para se modelar com uma base sólida e conhecedora das possibilidades e, principalmente, conhecer as reais necessidades do mercado em que se vai atuar, independentemente do segmento de negócio. Em um mundo globalizado e interligado na palma da mão como vivemos hoje, não se pode dar ao luxo de não acompanhar as tendências e, especialmente, as evoluções tecnológicas.

E foi assim que encerramos nossa curta e rica história de sucesso com a casa de doces, porém imediatamente já estávamos engajados com o novo projeto da família Blóes. Agora estávamos deixando a produção artesanal para emplacar no mundo tecnológico, migrando da satisfação imediata de saborear um doce para o prazer nostálgico de relembrar os bons momentos de uma data marcante através dos álbuns e vídeos produzidos por nós.

Nosso *Líder nato* chegava a seu ápice como gestor e CEO de nossa empresa, pois, independentemente do tamanho da empresa, quando se tem cargos, funções e um organograma claro e bem definido, com certeza a chance de sucesso torna-se muito mais palpável. E por que era o seu *ápice*? Porque ele estava com quase cinquenta anos, havia trabalhado em três segmentos diferentes durante trinta anos de carreira, sempre como proprietário e tomando as decisões mais difíceis, como mudar de ramo, mesmo sem querer, mas por necessidade, pois, se dependesse apenas de sua paixão, com certeza seria proprietário de cinema até os últimos dias de sua vida.

Mudanças como essa fortalecem grandes líderes e os tornam pessoas mais dispostas a elas, pois a máxima de que *toda mudança gera consequência* é uma grande verdade, porém não mudar pode gerar ainda mais consequências, e, na maioria das vezes, elas são desastrosas e improdutivas.

Por esse histórico rico em mudanças e vivido na prática e em sua plenitude, nosso comandante tinha certeza de que desta vez seria muito mais perene. Tanta era a sua convicção, que o nome da nova empresa, pela primeira vez, carregava o nosso sobrenome, estava nascendo a *Foto Vídeo Blóes*, empresa familiar que cresceu rapidamente, e em menos de cinco anos construímos uma carteira de clientes fiéis, adquirimos prédio próprio, estávamos com todos os equipamentos quitados e atualizados e já contávamos com um quadro de profissionais especializados e autossuficientes para atender a demanda sem contar com cem por cento da atuação da família. Um cenário muito favorável, pois, além de conquistar novos clientes num curto espaço de tempo e num mercado tão restrito, conseguimos absorver os funcionários que ingressaram em nossa equipe e ainda treiná-los para fazer parte dessa filosofia de trabalho.

Algum tempo depois comecei a estudar os ciclos de criação dos novos negócios e a formação das equipes de trabalho. Foi nesses estudos que eu conheci os "4 Fs" da formação de equipes do autor James C. Hunter[1].

Os 4 Fs são:

1) Fingimento
2) Fricção
3) Formação
4) Funcionamento

---

1 HUNTER, James C. *Como se tornar um líder servidor*. Rio de Janeiro: Sextante, 2006.

Com certeza passamos por todos eles, e vivemos cada um deles, pois vivenciar é bem diferente de ser apenas um espectador, o que acontece muito com os funcionários passivos, aqueles que acham que não têm nada a ver com o processo, que estão ali apenas para fazer o que é mandado e cobrado. Esse perfil está mais do que ultrapassado, não tem "senso de dono" e tampouco capacidade de absorver e superar os momentos de crise, pois esses momentos exigem gana, garra e suor.

Vamos aos éfes:

1º F) Fingimento: é aquele momento do namoro, em que tudo é lindo, o patrão nem mesmo pensa em pedir e os funcionários já estão fazendo, às vezes até brigam entre si para ver quem faz primeiro, é o famoso "sangue novo", vontade de mostrar serviço, de marcar território e consolidar sua posição, porém essa fase é rapidamente superada, quem sabe dure apenas os noventa dias do contrato de experiência, e, depois disso, as máscaras caem e a verdadeira versão entre em ação.

2º F) Fricção: o mais difícil dos quatro, logo após as máscaras caírem e o fingimento acabar as vaidades aparecem, as briguinhas por besteira tomam conta do ambiente. Nessas horas, os líderes precisam estar muito próximos de seus liderados, pois, se estiverem distantes, dificilmente conseguirão identificar as verdadeiras virtudes, defeitos, falhas e boas atitudes. É nesse *F* que conhecemos as verdadeiras personalidades, as quais podemos chamar de Ética de Caráter e Ética de Personalidade.

Ética de Personalidade é a mais comum entre os profissionais sem valores, aqueles que só estão ali pelo salário, que se moldam à situação, que enganam a si e aos outros para fazer parte do ambiente a que estão sujeitos naquele determinado momento e, é claro, tentam tirar vantagem de tudo, sempre colocam o "EU" à frente de tudo e de todos, e, se preciso for, passam por cima de muitos para satisfazer seu próprio propósito.

Do outro lado, estão aqueles que possuem a **Ética de Caráter**, que não abrem mão dos seus valores. Se o seu valor for *respeito*, ele sempre respeitará; se o seu valor for *honestidade*, não mentirá nem simulará; se o seu valor for *profissionalismo*, saberá distinguir cada processo e as pessoas envolvidas nele. Empresas de sucesso são formadas por *valores* e *princípios*, e seus profissionais são a energia necessária para fazer girar as engrenagens dos valores morais, que são absolutamente indispensáveis para que essa organização prospere sem nunca abalar sua "cultura organizacional".

3º F) Formação: depois de separar aqueles que querem dos que não querem, poderemos seguir para o terceiro éfe, quando é preciso testar, pressionar, desafiar e até mesmo avaliar inúmeras vezes para poder formar uma equipe de alta performance, a qual será responsável pelo crescimento e sustentabilidade do negócio. É verdade que às vezes é difícil identificar esses três primeiros éfes, mas, como já foi dito anteriormente, se praticarmos uma gestão corpo a corpo, incentivando sempre novos desafios, sem deixar a rotina dominar o ambiente, as chances de sucesso serão reais.

4º F) Funcionamento: só fará parte desse processo se vivenciados os três *éfes* anteriores. Um ponto que pode dificultar a conquista desse último *éfe* é o *Town Over*, pois, sem a formação da equipe e a busca por maturidade profissional, torna-se praticamente impossível chegar a um bom funcionamento. Estratégia eficaz é quando o funcionário consegue visualizar um futuro próspero em seu emprego, em que o plano de carreira é facilmente reconhecido, as metas são palpáveis e a meritocracia uma gestão de reconhecimento, pois a empresa se consolidará se for formada por profissionais de alta performance que acreditam nessa metodologia de crescimento mútuo.

Levando em conta todas essas experiências, rapidamente nosso CEO identificou que, além de todo esse processo evolutivo e dos serviços de qualidade que estávamos buscando prestar, como loja física precisávamos esperar os clientes nos procurarem, muitos entravam em nosso estabelecimento apenas pela curiosidade de visitar uma loja nova, alguns entravam apenas para ver as fotos de casamentos, batizados ou até mesmo de algumas "modelos" que toda semana ilustravam nossas vitrines, e, é claro, havia aqueles que apenas estavam especulando preços. Depois de perceber essa rotina, nosso líder implantou uma novidade, não apenas para nós, mas para toda a cidade. Após voltar de uma viagem à capital, pois fazia sempre questão de continuar ligado nas novidades que só se viam nas grandes metrópoles, estava com aquele brilho nos olhos novamente, aquele brilho de *empreendedor* que consegue visualizar alguns anos mais longe do que a maioria de nós.

Por falar nisso, você sabe qual é a diferença entre Empresário e Empreendedor?

Vou tentar dividir o meu ponto de vista, que não se resume apenas a essas duas categorias, por isso acrescentarei mais duas: Profissional Excelente e Investidor, mas não nessa ordem. Segundo a minha experiência e humilde trajetória profissional, a minha visão, ordem e divisão dessas categorias seria:

1º) **Profissional de Excelência:** aquele que sempre faz primeiro, por iniciativa própria, que conhece tecnicamente o serviço, tem carisma e talento. Já adquiriu experiência suficiente para treinar os demais da equipe. Aquele que faz bem feito porque AMA o que faz, se realiza com o resultado produzido por ele e por sua equipe. A palavra de ordem é: *Performance*.

2º) Empresário: aquele profissional excelente, que resolveu deixar de ser empregado e virou patrão, abriu sua própria empresa no mesmo ramo em que sempre atuou como funcionário e no qual tinha total *expertise* técnica e operacional, mas estava se aventurando como gestor. Pode ter sofrido com a mudança, mas, como é extremamente qualificado e domina o conhecimento, torna-se referência no ramo, e sua estratégia de sucesso é sempre liderar pelo exemplo. A palavra de ordem é: *Conhecimento*.

3º) Empreendedor: aquele empresário que se deu bem, que conseguiu evoluir bem de profissional excelente para empresário do ramo, e, quando começou a dominar a função de gestor, passou a investir na ampliação do seu negócio, seja aumentando o leque de serviços ou replicando os serviços em novas filiais, ou até mesmo incorporando outros negócios complementares, ou de segmentos diferentes. Entendeu sua força de influência em motivar as pessoas a encarar junto, com muito engajamento, seus novos projetos empreendedores. A palavra de ordem é: *Realização*.

4º) Investidor: aquele empreendedor que se deu bem no próprio ramo, mas não se contenta em ficar naquele nicho de mercado, está sempre em busca de novos desafios (investimentos). Quer que o dinheiro trabalhe por ele; essa adrenalina de apostar em novidades, em ser o pioneiro, torna-se o alvo de suas conquistas, porém, para obter sucesso precisa ter lucro, precisa ser rentável. A palavra de ordem é: *Conquista*.

Uma das perguntas que sempre me fazem quando ministro palestras ou treinamentos sobre esse tema é:

– *É possível ser os quatro em um?*

Minha resposta é: *não*. Precisamos entender que a especialização e o foco não são apenas qualidades, mas, sim, necessidades de cada perfil. Podemos ter profissionais que evoluíram pelos quatro estágios e, até mesmo, saltaram etapas, alguns que migraram de níveis e até aqueles que navegaram entre eles, pois, como costumo dizer, existem aqueles "fora da curva", mas, no máximo, é possível absorver duas categorias, como ser *Empresário* de um ramo e *Investidor* com parceiros em outro ramo.

Outra pergunta comum é:

– *Qual desses perfis dá mais lucro?*

Nem tudo é questão de lucro, e sim uma questão de bem-estar. Migramos ao longo da carreira por vários motivos, e talvez no início seja por dinheiro, mas, com o passar dos anos, os valores evoluem e passamos a nos preocupar com o verdadeiro motivo, que é o que de fato importa: *"viver bem"*.

O que não significa viver com muito ou com pouco, mas, sim, viver com o suficiente. Quantos milionários conhecemos ou já ouvimos falar que não tiveram tempo para gastar a fortuna e os filhos acabaram com tudo. Isso acontece porque os filhos não davam o devido valor ao dinheiro, ou os próprios pais não conseguiram educá-los o suficiente, pois estavam tão ocupados em ganhar dinheiro, que não tiveram tempo para preparar seus sucessores.

É preciso ter tempo para estudar, trabalhar, crescer, sem deixar de lado o tempo para conviver, relaxar e desfrutar de momentos com quem se AMA, afinal que graça tem o dinheiro para quem está só?

De onde tirei essas conclusões?

Acredito que do meu convívio com vários gestores, diretores e até CEOs de grandes empresas, que sempre se questionaram se havia valido a pena tudo o que tinham feito até aquele momento. É claro que também desenvolvi a minha própria percepção em decorrência da minha experiência de vida, carreira, no convívio com meus funcionários, clientes e alunos, mas, com certeza, a minha vivência com o principal dos líderes da minha vida, meu pai, o *Líder nato*, fez com que eu construísse os pilares que sustentam até hoje os meus conceitos e ideais, pois ele migrou mais de uma vez por esses quatro estágios e se moldava de acordo com as necessidades, era um verdadeiro "Camaleão dos Negócios", porém nunca abriu mão do *bem-estar*, fosse o dele ou o da nossa família. Se esse conjunto estava bem, estava tudo certo; se ele estava bem, nós também estávamos bem; se nós estávamos bem, ele também estava, e assim o círculo virtuoso se formava.

Esse controle emocional tem algumas premissas: dividir as dificuldades com quem está próximo, se fortalecer com quem está interligado e, principalmente, comemorar com quem está ao seu lado. Espero que seja isso que as empresas estejam buscando quando falam em "engajamento".

O problema é que as empresas querem engajamento eterno, ou a longo prazo, e isso não existe, engajamento se dá a curto prazo, você motiva as pessoas por curtos espaços de tempo. Nós, seres humanos, nos adaptamos, incorporamos e absorvemos nossas rotinas e nos acostumamos com elas. Um bom exemplo é o soldado jovem que acabou de se alistar para defender sua pátria na guerra: ele recebe o uniforme novo e, antes de vesti-lo pela primeira vez, é questionado pelo comandante sobre o verdadeiro motivo de ter se alistado; mais do que depressa ele responde que é para defender o seu país com sua vida, se necessário for, porém, alguns dias depois de chegar ao campo de batalha, o mesmo soldado é questionado sobre a sua maior vontade na vida naquele momento, e ainda mais rápido ele responde que é voltar vivo para casa.

Ou seja, o *engajamento* nasce de acordo com a situação, por isso as empresas e, especialmente, os líderes precisam entender que o ambiente vitorioso, moderno, com regras claras, com sinceridade nos discursos e com bons exemplos é que motiva o engajamento das pessoas para com os objetivos comuns propostos.

Era dessa forma que estávamos naquele momento, aumentando nosso portfólio de produtos e serviços, treinando e engajando novas equipes, sem perder a essência daquela empresa familiar, que era fazer tudo com muita transparência, disciplina e amor.

6
Máquina de xerox – líder inquieto

Eu aprendi isso na prática, vendo meu pai ser inquieto em tempo integral; mesmo quando ele estava parado, em silêncio, parecia que eu conseguia ver que dentro de sua cabeça os pensamentos e as novas ideias estavam a todo vapor. E foi assim que, de repente, ele voltou da sua viagem a São Paulo com um brilho nos olhos e a energia renovada mais uma vez, e, em nossa reunião semanal, disse:

– Quero estar dentro dos nossos clientes. Não quero ficar esperando eles entrarem em nossa loja, quero ser necessário no dia a dia deles, e não apenas em momentos em que eles precisam de nós na urgência, precisamos entender suas necessidades para antecipar as possíveis soluções.

Claro que eu não hesitei nem um segundo e perguntei:

– O que vamos fazer desta vez?

Em outros tempos, eu teria perguntado "como", mas, depois de alguns anos de convivência, eu sabia que ele já havia pensado e pesquisado tudo, só precisava do nosso apoio para seguir em frente; aliás, essa era mais uma virtude rara dele, ele poderia seguir sozinho com a ideia, pois com ou sem sucesso estaríamos ao seu lado, mas nunca fez isso, a integração da equipe vinha sempre em primeiro lugar. Ele compartilhava tudo e fazia isso porque acreditava vigorosamente que compartilhar as ideias era a única chance de errar menos, pois quem cria sempre acha que vai dar certo, por isso ouvir outras opiniões pode abrir novas possibilidades e até mesmo mudanças significativas na estratégia ou mesmo na concepção da inovação. Porém, para que isso aconteça, é necessário que haja confiança entre as pessoas, e isso, entre nós, não era um problema.

Dessa forma, a resposta dele foi muito surpreendente; nos olhou agitado e disse:

– Vou colocar uma máquina de xerox em cada banco e escola da cidade.

Como assim? Mas, com aquele brilho nos olhos, era impossível duvidar. Outra dica é: se o líder que está pedindo ajuda à equipe não demonstrar confiança e entusiasmo em relação à sua própria ideia ou estratégia, como irá motivar e convencer seus seguidores? Nesse caso específico, nossa perplexidade tinha outros motivos, as fotocopiadoras, que na época eram novidade e dominadas pela marca Xerox – que inclusive virou sinônimo de fotocópia no Brasil –, eram caríssimas e a assistência técnica ficava apenas nas grandes cidades, o que inviabilizaria muito a compra desse equipamento e, por esses motivos, os bancos e as escolas prefeririam apenas pagar pela fotocópia a um fornecedor, papelarias, em sua maioria, a fazer esse alto, e até mesmo insustentável, investimento.

Mas, vendo nossos olhares de espanto, ele começou a explicar sua ideia e estratégia:

– Não vamos comprar nem vender nenhuma máquina da Xerox, também não quero ter lucro com isso.

Mais uma longa pausa e muitas trocas de olhares, e então ele continuou:

– Vou locar as máquinas da própria Xerox, já pesquisei essa possibilidade direto com a matriz e ela existe, depois irei sublocar aos bancos e escolas, pois, como eu irei locar uma grande quantidade de máquinas, terei melhores descontos na compra de papéis e toner, que são os itens mais caros. E, em todo início de mês, zeramos os marcadores das cópias das máquinas sublocadas e, ao final do mês, cobramos apenas pelas cópias tiradas, ou seja, o mesmo preço que eles iriam pagar para vir tirar as cópias em nossa loja, agora eles irão pagar com a máquina dentro do seu estabelecimento e, ainda, sempre abastecidas com papel, toner e assistência técnica, que nós forneceremos gratuitamente.

E então completou:

– O que vocês acham?

Após aquele silêncio que sempre pairava sobre nós nessas reuniões familiares, comecei a repetir toda a sequência:

– Vamos ver se eu entendi, quer dizer que vamos locar várias máquinas caríssimas do fabricante, sublocar para os bancos e escolas, fornecer papel, toner e assistência técnica, não cobrar nada por isso, e ainda cobrar apenas os mesmos dez centavos de cada fotocópia que cobramos em nossa loja?

– Sim – ele respondeu, mostrando-se empolgado.

– Muito bem. Mas como vamos lucrar com isso, se a maioria desses clientes já vai até a nossa loja fazer isso? – eu perguntei.

Dei de bandeja, né? Era a pergunta que faltava. Sabe aquela reunião gerencial, quando o gestor joga a isca e alguém é fisgado? Então, fui eu, mais uma vez. E mais que depressa ele respondeu:

– É isso, hoje nós tiramos cópias para eles. A partir desse modelo de negócio, eles irão tirar para nós e, o principal, irão tirar muito mais, pois a comodidade irá motivá-los a fazer muito mais fotocópias. Além disso, não terão tanto zelo com o serviço e tirarão várias cópias não tão boas, mas o marcador não distingue cópia certa ou errada, ele apenas conta. Entenderam?

Dito e feito, em três meses tínhamos mais de dez máquinas sublocadas e a quantidade de fotocópias que recebíamos dava para comprar quase uma máquina por mês, que era o que eu pensei que iríamos fazer, mas, quanto mais o tempo passava, mais o meu pai tirava as máquinas dos locatários e os convencia a comprar sua própria máquina, pois seria mais rentável. Confesso que eu não acompanhava nem de longe a sua linha de raciocínio, mas sempre tinha uma explicação. E todas as explicações estavam embasadas em nosso "Manifesto" original, que era: "atender a necessidade do cliente". Lembra?

Pergunto a você, que me acompanha nesta leitura: por que ele pensou nessa estratégia com as fotocopiadoras? Seria para apenas ficar mais próximo dos clientes? Tornar-se ainda mais conhecido? Credibilidade? Marketing? Volume de vendas? Ou tudo isso ao mesmo tempo?

Bem, ele havia criado um novo negócio, locação da locação, ou apenas terceirização, e, no seu auge, vendeu seu *know-how* aos próprios clientes, o que mais cedo ou mais tarde teria acontecido de qualquer jeito, porém, com a estratégia correta, ele levou todos os méritos e, ainda de quebra, se tornou o representante da assistência técnica, de forma que ainda seria necessário e estaria dentro desses clientes tão importantes, com grandes potenciais de novos negócios. Porém, com a experiência que ele obteve nos outros negócios, percebeu que no ramo dos novos empreendimentos existe um detalhe primordial para que tudo se desenvolva com êxito, o *timing*. Sim, tempo, mas não estou falando de pressa ou paciência, estou me referindo muito mais ao *feeling*, algo que diferencia os comuns dos excelentes, pois os comuns se satisfazem ao produzir o que lhes foi delegado, cumprem horários à risca, batem as metas que lhes são propostas, seguem as regras e as normas cuidadosamente, podendo-se até chamá-los de funcionário-padrão; já os excelentes são aqueles que, além de seguirem os protocolos, questionam as regras, tentam encurtar caminhos, trazem ideias de outras pessoas e de outras empresas, não querem apenas a meta, querem a supermeta, são os proativos, na essência da palavra. O episódio das máquinas de xerox foi muito representativo nesse quesito inovação e proatividade.

Profissionais atentos às necessidades do cliente, ao mercado e às suas inovações estarão sempre um passo à frente da concorrência. Você já ouviu aquela famosa frase atribuída a Abraham Lincoln que diz: "Dê-me seis horas para derrubar uma árvore e passarei as quatro primeiras afiando o machado"?

Como assim? Imagine que você realmente ficou as quatro horas afiando o machado, portanto, restam-lhe duas horas para cortar a árvore, mas se você não afiou o machado da maneira como deveria e basicamente agora só lhe restam duas horas para cortar uma árvore com um machado que não corta, você perdeu quatro horas.

Certo, e o que fazer? Não se engane, o planejamento estratégico é de suma importância para realizar coisas novas e/ou incertas; agir sem se planejar é o maior erro que você pode cometer, afinal, machado que não está afiado não corta nenhuma árvore. Assim sendo, o ideal é se planejar, mas entender que sua estratégia está suscetível a erros e imprevistos que devem e podem ser realinhados de acordo com o objetivo principal.

Mais uma reunião familiar – Pauta: seu futuro

A família já estava reunida, e quando todos esperávamos as perguntas iniciais famosas do tipo: "Vocês estão felizes?", ou alguma nova estratégia de crescimento ou novidade tecnológica que seria agregada ao nosso negócio, veio a surpresa. Com o sorriso mais sincero e discreto que eu já vi em toda a minha vida, ele começou:

– Primeiro, quero agradecer a todos pelos esforços e abdicações durante todos esses anos. Quero dizer que nem em meus mais felizes sonhos eu tinha visualizado tantas mudanças positivas em minha vida profissional, pessoal e familiar, e, além disso tudo, posso dizer com todas as letras que AMO o que faço e também estou muito feliz por vocês dividirem comigo tudo isso.

Após um longo suspiro e com os olhos vermelhos, como sempre ficavam quando ele se emocionava, prosseguiu:

– Por isso, acredito que chegou a hora de vocês buscarem isso também.

Como assim? Ele estava nos demitindo?

Após ouvirmos isso, fomos nós que ficamos emocionados e, em meio a várias trocas de olhares, ele retomou a palavra:

– É isso mesmo! Agora já estamos equilibrados e estabelecidos novamente, chegou a hora de vocês buscarem os seus sonhos, pois sonhar é o principal combustível da vida e acredito que o sonho de vocês tem a ver com felicidade.

Nesse momento ele puxou um papel velho e todo amassado do bolso da camisa – ele sempre usava camisas de manga curta e com bolso – e começou a ler a ata de uma reunião que fizemos antes de abrir a doceria. Lembra quando ele perguntou o que queríamos e mais gostávamos de fazer? Pois é, ficamos sabendo naquele dia que todos os dias ele saía para trabalhar e levava aquele papel consigo, era seu combustível para não deixar de sonhar, de acreditar, de entender que, para ser feliz, é preciso fazer o que se AMA, mesmo que seja necessário ter novos amores ao longo da jornada, pois, como bem disse a jovem cantora Ana Vilela em sua canção Trem Bala, "Não é chegar ao topo do mundo e saber que venceu, e sim se a escalada te fortaleceu".

– Minha filha, você disse que amava dançar e queria ser professora de ballet. Na época, eu disse que você era muito nova e o papai não tinha capital para tanto naquele momento. Pois bem, você cresceu, conseguimos fazer algumas economias, e, assim, se você ainda quiser, vamos reformar o depósito do fundo da nossa loja – onde guardávamos as tranqueiras velhas – e vamos contratar uma professora de dança. Você vai começar o seu próprio negócio, o que me diz? – ele perguntou, segurando o choro.

Nem preciso falar qual foi a resposta. Depois de alguns meses, estava em pleno funcionamento a Vertical Academia – Escola de Dança, nome escolhido por ele e que hoje, depois de mais de 30 anos, já com outro nome e outra proprietária, ainda existe e vive em nossa cidade. O sonho da minha irmã se tornou uma realidade e um legado de muito sucesso.

Depois de alguns minutos de abraços, beijos, choros e comemorações pela chance que ele estava dando à minha irmã, ele se virou para o meu irmão e disse:

– E você, *cowboy*, ainda quer ser peão de boiadeiro? Mexer com gado, como disse naquela vez? Então, o capital para isso nós ainda não temos, mas, como você ainda é novo, pode começar trabalhando para alguém que tenha mais experiência e, quem sabe, daqui a alguns anos, comece seu próprio negócio. O que acha?

Claro que já estava tudo acertado. Ele tinha conversado com um grande fazendeiro da cidade e acertado a possibilidade de o meu irmão, com quase 14 anos na época, iniciar sua carreira de negociador e criador de gado. Hoje em dia ele tem muito sucesso nesse e em outros segmentos, pois, com todas as experiências que acumulou desde tão jovem, tornou-se um dos comerciantes mais perspicazes que eu conheço.

Minha mãe assistia a tudo de camarote e, assim como eu, estava um tanto aflita, pois, além de eu ser o filho mais velho, era o sucessor imediato daquele líder, era eu quem já seguia seus passos, já até havia fotografado casamentos sozinho; é verdade que alguns noivos quase tiveram um "treco" quando viram um fotógrafo tão jovem, com o rosto cheio de espinhas, ser o responsável por registrar um momento tão especial e único, e eu senti muito medo também, pois naquela época nada era digital, em que você pode olhar a qualidade das fotos e deletar o que não está legal. Era tudo muito diferente, a começar pelo preço dos filmes de rolo de 35mm ASA 200 ou, quando era possível, ASA 400 36 poses – sem contar os custos para revelar um filme –, e no sistema analógico não tinha como saber se as fotos tinham ficado boas antes da revelação, era uma verdadeira agonia esperar sete dias úteis para receber os filmes revelados em copiões (negativos de provas). Mas agradeço todos os dias por ter tido essa e outras oportunidades, agradeço por ter recebido tantas responsabilidades ainda tão jovem, pois me tornaram um adulto maduro, responsável e, principalmente, corajoso, sem medo de sofrer com as decepções. Prefiro sempre encarar os problemas e as adversidades como se fossem novas possibilidades e oportunidades de me reinventar.

Será que hoje em dia nós, pais, temos essa coragem? Será que estamos permitindo que nossos filhos errem? Será que estamos permitindo que eles sintam e até mesmo sofram com o amargor de uma derrota? Voltando para as nossas empresas, será que os líderes, jovens, modernos, da tal geração "Y", passaram por dificuldades na infância? Não estou falando de dinheiro, mas sim de frustrações, perdas, dores. Será que eles caíram de árvores, quando estavam pegando mangas do vizinho? Arriscaram-se a pular o muro da escola para pegar a bola? Tiveram coragem de tirar para dançar a garota linda no "bailinho" na garagem da casa do melhor amigo? Será que hoje em dia eles têm o melhor amigo? Ou foram criados numa redoma de vidro, dentro de poucos metros quadrados de um apartamento bem localizado, mas sem espaço até mesmo para se machucar? Onde a mãe invade o campo de futebol para brigar com o técnico porque o seu filho está no banco de reservas, ou o pai discute com a professora do infantil porque ela deixou sua filha de castigo ou simplesmente falou um pouco mais alto?

Gostaria apenas de compartilhar essa reflexão, pois os líderes de sucesso não são apenas formados nas escolas particulares ou faculdades federais, eles começam sua carreira dentro de casa, em cada estágio evolutivo da sua formação, em que precisam, sim, de proteção, atenção, carinho e respeito, mas também de desafios, obstáculos e dificuldades.

Foi nesse momento que meu pai, o maior de todos os meus líderes, direcionou aquele olhar meigo e atencioso mais uma vez para mim e perguntou:

– E você, campeão, vai correr atrás do seu sonho de ser jogador de futebol?

Caramba! Era tudo o que eu mais queria na vida – pelo menos naquele momento –, eu já treinava no time principal da minha cidade e era titular absoluto do time de juniores que iria disputar os Jogos Regionais do Interior.

Não me lembro ao certo o que eu respondi, ou se eu ao menos respondi. Sei que, como sempre, a nossa troca de olhares era tão intensa e verdadeira que tudo estava encaminhado.

Minha irmã se tornando sócia-proprietária de uma escola de dança com apenas 12 anos, meu irmão indo trabalhar numa fazenda com menos de 14 anos e eu com a possibilidade de "tentar" ser jogador de futebol com 15 anos era tão surreal, mais uma grande mudança para todos, até mesmo para a minha mãe, que nem foi mencionada, mas foi tão diretamente atingida quanto todos nós, pois foi ela que passou a ser a sócia majoritária dos negócios. Enquanto meu pai precisava sair para os trabalhos externos, era ela que assumia toda a parte burocrática, comercial e administrativa, ou seja, ela precisou assumir todas as nossas funções.

E tudo isso por quê? Porque eles queriam a nossa felicidade! Certa vez ouvi, sem querer, meus pais conversando, e nessa conversa questionavam se estavam fazendo a coisa certa em nos deixar correr atrás dos nossos sonhos. Não me lembro de detalhes dessa conversa, mas uma frase do nosso Líder me marcou muito:

– Não sei se é a coisa certa, só sei que o melhor que posso fazer neste momento é dar a oportunidade. Agora, se ela será aproveitada e irá gerar bons resultados, depende só deles.

Como estamos conduzindo nossas equipes de trabalho? Estamos dando oportunidades, liberdade, desafiando-as? Ou estamos sendo mães e pais superprotetores, que não permitem erros, que não querem correr riscos e, por isso, não deixam que ninguém se arrisque?

Nossa natureza humana necessita de desafios, detestamos a rotina, adoramos novidades. Por isso, nós, líderes, somos influenciadores, somos o combustível para motivação dos nossos liderados. Somos e precisaremos ser sempre o EXEMPLO.

7
Carreira solo – novos líderes

Entre cinema, casa de doces e loja de fotografia e filmagem, foram sete anos da minha vida, minha segunda infância inteira. Em comparação com os dias de hoje, parece insano dizer que uma criança começou a trabalhar tão cedo, mas, pode acreditar, foi tudo muito mágico, eu vivi os melhores dias da minha vida com aquelas experiências, com aqueles aprendizados e, principalmente, com todo aquele AMOR. Elas me fizeram amadurecer mais cedo, é verdade, mas também me fizeram ser mais forte e corajoso.

E essas virtudes foram essenciais em minha nova fase da vida, pois o mundo do futebol literalmente não é para os fracos, é preciso ter sangue frio muitas vezes e sangue quente sempre, ter foco e disciplina em tempo integral, estar atento aos interesses de todos, entender que a maioria não está ali pelo sucesso do grupo ou da equipe, e sim pelo sucesso individual. Alguma semelhança com o mundo dos negócios?

Costumo dizer que a minha experiência no esporte de alto rendimento foi minha pós-graduação em *business*. Tive minha formação em uma das melhores universidades do mundo, a minha família, ao lado do melhor professor e *Líder nato*, aquele que sempre colocava os *valores* acima de tudo, cuja meta principal era a satisfação de todos, aquele disposto a ouvir e a melhorar, focado no bem maior, na felicidade de todos os envolvidos. Mas, na pós da vida, aprendi que existe o outro lado da moeda, existem pessoas que não acreditam ou simplesmente não conhecem esses valores, ou, ainda, aquelas para as quais só existe um único objetivo, que é seu próprio bem-estar, seu próprio sucesso, totalmente individualizado. Pode ter certeza de que o mundo da bola não foi tão prazeroso como pensei que seria. É claro que tive momentos incríveis e de muita alegria, mas também muitas decepções.

O começo da bola

Com 15 anos, fui disputar os Jogos Regionais do Interior representando a minha amada cidade de Capão Bonito. Nosso time era muito jovem, entrosado e vários de nós sonhavam com a mesma coisa, ter a sorte de que algum time ou olheiro nos visse e nos levasse para algum time profissional, e o escolhido fui eu. O Esporte Clube São Bento de Sorocaba me viu e me convidou para ingressar em seu elenco juvenil.

Eu, que sempre trabalhei em família, morava em uma cidade com menos de quarenta mil habitantes e sempre convivi com primos e amigos de infância, de repente, me vi morando sozinho numa cidade com mais de seiscentos mil habitantes – na época –, num alojamento debaixo das arquibancadas de um estádio antigo, com garotos de dezesseis a vinte anos, que tinham vindo de todas as partes do Brasil e até do exterior, pois naquela época era muito comum os intercâmbios, todos com um único objetivo em comum: se tornar jogador profissional de futebol.

Foram quatro longos anos naquele clube. Por que longos? Porque só quem viveu num alojamento de futebol pode entender essa minha visão de tempo. Tudo lá é vivido numa intensidade absurda, pois é a chance de mudança de vida para quase todos ali, a esperança de uma família inteira estava depositada naqueles garotos simples, de famílias pobres e de lugares distantes da nossa realidade. Essas dificuldades transformam o futebol na única esperança daquelas famílias, aquela capaz de mudar a vida das pessoas; alguns se submetem até mesmo a quebrar seus princípios por apenas uma chance, outros passam por cima de seus parceiros por bem menos. Uma realidade dura? Sim. Muito dura, e, acredite, me fortaleceu ainda mais, mas posso garantir que nunca me corrompeu, pois minha base de valores havia sido forjada e construída dentro de uma casa onde a família vem em primeiro lugar, por isso sou tão grato por tudo que pude viver com meus pais e irmãos, essa base de formação é o alicerce mais firme que alguém pode construir. Vivemos diariamente conflitos de valores, são pais que transferem a educação dos filhos aos professores, são líderes que transferem a lealdade e o compromisso de sua equipe ao prêmio no final do ano, mas valores, como já dito antes, são aquilo que o dinheiro não é capaz de comprar, pois não são bens materiais, e sim representam os princípios e propósito das pessoas, e isso não tem preço.

Foi tudo tão intenso que, mesmo após mais de 25 anos, temos grupos de WhatsApp com ex-jogadores, promovemos vários jogos de final de ano para reunir a galera, quando um ou outro está com dificuldades nos unimos para ajudar, e tudo isso porque vivemos juntos um sonho, que a maioria de nós não conseguiu realizar. É, as frustrações também unem as pessoas.

Desde que cheguei ao mundo da bola, percebi que eu era diferente. Por mais que a minha família tivesse passado por dificuldades financeiras, seria impossível comparar com as dificuldades de muitos que conheci ali; eu sempre estudei em bons colégios, sempre tive meus brinquedos, minhas regalias, fui educado com muito cuidado e amor, e, de fato, isso não fazia parte da vida da maioria daqueles garotos. Isso poderia ser usado contra mim, assim como vi várias vezes acontecer quando um "riquinho" chegava ao clube, pois os jogadores com menos recursos sempre se colocavam numa posição de vítima e usavam as famosas frases: "Ele não precisa disso", "Vai roubar o lugar de quem precisa". Você já ouviu isso dentro das empresas? Certamente sim, hoje compreendo que isso não é exclusividade desse ou daquele nicho, isso acontece em todos os meios em que as pessoas pensam individualmente, buscando apenas se garantir, com uma desigualdade mal interpretada. Por isso é tão importante elevarmos o nosso nível de entendimento de algumas palavras, como:

- Empatia
- Protagonismo
- Resiliência

Empatia é realmente exercida quando nos esforçamos a fazer mais do que nos colocar no lugar do outro, precisamos saber ouvir e não julgar sem antes compreender, trabalhar com o máximo de atenção com as pessoas. A empatia leva as pessoas a ajudarem umas às outras. Está intimamente ligada ao altruísmo – amor e interesse pelo próximo – e à capacidade de ajudar.

Protagonismo se refere exatamente ao contrário do que vivi no meio do futebol, pois ali não havia protagonismo, e sim individualismo, que são duas coisas completamente diferentes. O protagonismo diz respeito a assumir suas responsabilidades, ter aptidão para realizar, prazer em buscar novas alternativas, mostrar disposição em tempo integral e, ainda, vigiar seus parceiros para que todos estejam atentos e atuando em sintonia, o que podemos classificar como *sinergia*.

Resiliência é a virtude dos líderes modernos, aqueles que se adaptam mais rapidamente às novidades, que ressurgem ainda mais fortes após os momentos de crise, que se renovam constantemente para fugir da rotina e não têm nenhum receio de pedir ajuda, pois a vaidade perde totalmente a vez para a humildade, fator de grande predominância entre os novos líderes.

Claro que hoje vejo com clareza todas essas etapas e experiências, mas, quando eu era jovem, vivendo o grande sonho de me tornar um jogador de futebol, não tinha a mínima noção básica da força de uma liderança resiliente. Por isso, sofri alguns episódios de preconceito, por ter vindo de uma família de classe média, ter boa instrução, falar bem, ser articulado e ainda ter muita clareza sobre os meus propósitos. Sem dúvida alguma, isso assusta quem não está acostumado com questionamentos, quem prefere a zona de conforto; quando há clareza nas ações, torna-se possível encontrar detalhes técnicos e operacionais que antes passavam despercebidos. Isso acabou ficando mais nítido para mim após conhecer e ter o privilégio de dividir o palco das palestras com o ator, humorista e comediante Marcelo Marrom, pois, dentre muitos conceitos, experiências e valores que ele relata em sua palestra, uma história me chamou muito a atenção: uma dona de casa muito astuta fazia tudo sozinha em sua cozinha, seus mantimentos ficavam alocados numa despensa ao lado, e nessa despensa não tinha luz, pelo simples fato de a lâmpada estar queimada. Era essa habilidosa cozinheira quem colocava e tirava tudo de lá, ou seja, ela conhecia cada centímetro daquele quartinho, e estava tão acostumada a trabalhar assim, no escuro, que encontrava tudo o que precisava apenas com um facho de luz que vinha da cozinha. Até que um dia ela passou pelo setor de lâmpadas no supermercado e resolveu colocar uma nova lâmpada em sua despensa; e, para sua surpresa, quando trocou a lâmpada velha pela nova e a luz voltou, ela pôde olhar com mais atenção e achou alimentos vencidos, algumas teias de aranha, até mesmo itens que ela havia esquecido que ainda tinha em estoque e comprara novamente. Moral da história: você pode viver feliz no escuro, sem grandes preocupações e sem tantas exigências, mas, quando se vê com clareza, as responsabilidades aumentam, o controle se torna algo indispensável, as regras viram aliadas e não adversárias, pois sua visão do todo é muito mais ampla e nítida.

Foi exatamente o que eu causei quando me integrei aos "boleiros", pois eles não estavam acostumados com o mundo dos negócios, não tinham vivido as experiências que eu, tão jovem, já havia vivido, não imaginavam que, se estivessem mais atentos em organizar a vida em sua volta, teriam mais tempo para focar no que de fato importava, que eram os treinos e os jogos. Era muita vaidade. No mundo dos negócios não é diferente; quando a vaidade reina, tudo pode se tornar um caos, pois, quando adotamos o senso comum, objetivos coletivos e resultados compartilhados, não basta montarmos *times* ou *equipes*, precisamos desenvolver as pessoas, seja no esporte, nos negócios ou na família.

Com esse pensamento coletivo de desenvolvimento mútuo eu consegui, por mais de quatro anos, me tornar uma referência entre os jogadores, sempre era escolhido para ser o capitão, o primeiro a dar entrevistas, a negociar os valores dos prêmios com a diretoria, a questionar os treinadores sobre alguns dias de treinos puxados demais, ou algum esquema tático maluco. Mais uma vez me vi aplicando tudo o que aprendi com meu *Líder nato*, mas é claro que isso me trouxe outras consequências, pois eu não era nem de longe um craque nos gramados, era um jogador esforçado e com muita disciplina. E quando você se expõe ao papel de líder, fica em destaque, e nem sempre é uma unanimidade.

Mesmo com vários altos e baixos, sempre continuei focado e determinado em chegar o mais longe possível. E eu quase cheguei, acho que faltou bem pouco, na verdade, pois tive o privilégio de jogar em estádios famosos, como Canindé e Pacaembu – sempre vazios, é verdade –, mas também vivi a oportunidade de atravessar os oceanos e jogar em outro continente, quando tive minha experiência em Jeddah, na Arábia Saudita.

Mas, à medida que eu ficava mais velho e as oportunidades diminuíam, a pergunta que eu mais me fazia era: será que eu estou fazendo a coisa certa? Pois eu sabia que a minha família também precisava de mim, que estavam se desdobrando para manter tudo em ordem para me dar condições de continuar tentando alcançar o meu sonho.

Foi aí que, no meu primeiro ano como profissional da bola, cursando o segundo ano de Educação Física e com apenas dezenove anos de idade, resolvi largar a minha curta carreira como jogador. Foi uma decisão muito difícil para mim e muito surpreendente para todos à minha volta, pois meus treinadores presenciaram tudo o que eu passei, todas as minhas brigas em prol do coletivo, meus amigos jogadores viveram comigo muitas dessas batalhas, minha família dividia comigo o meu sonho, mas quem não estava bem com todos esses conflitos era eu mesmo, e hoje eu entendo a importância dessa reflexão interna, que é uma tarefa que fazemos sozinhos. Foi entre muitos desses pensamentos que cheguei à conclusão mais dura, aquela que muitos ignoram pela paixão ou esperança de que a sorte um dia baterá à sua porta. Pode até ser que ela venha a bater, mas, como sempre, fui muito mais razão do que emoção.

É claro que sempre há um episódio ou fato marcante que nos impulsiona a tomar determinadas decisões. No meu caso, pode nem ter sido tão marcante assim, mas para mim pesou muito. Foi um episódio em que eu havia sido convocado para substituir um jogador de certa forma famoso do elenco profissional, pois ele havia se contundido num treino nas vésperas de um Derbi (jogo entre os times rivais da mesma cidade). Eu faria dois treinos entre os profissionais e, caso esse jogador não se recuperasse a tempo, eu iria para o jogo. Bem, quando meus colegas de quarto (todos juniores) ficaram sabendo dessa minha chance, vieram me cumprimentar e desejar boa sorte. Lembro-me do quanto eu corri, suei, me entreguei naqueles dois coletivos, estava tão focado e determinado em agarrar aquela oportunidade que chamei a atenção até da imprensa local, que perguntava: "Quem é aquele cabeludinho?". É, eu também tive os meus momentos! Brincadeiras à parte, no sábado, logo após o rachão (treino recreativo pré-jogo), eu e meus colegas fomos até o quadro que ficava na porta dos vestiários, onde era colocada a lista dos convocados para os jogos do profissional. Confesso que eu tinha quase certeza de que estava dentro, mas, para minha surpresa, o tal jogador famoso havia se recuperado; na verdade, estava mais ou menos recuperado, mas é claro que o treinador deu preferência a ele e não a mim.

Você pode imaginar a minha decepção, mas, como sempre reagi bem às adversidades, iria superar rápido e ainda seria grato pela oportunidade. Porém, você deve estar se perguntando o que essa passagem tão comum no mundo do alto rendimento tem a ver com a minha decisão de parar de jogar. Bem, essa decisão não veio por eu ter sido cortado do jogo mesmo fazendo ótimos treinos, mas sim pela reação dos meus amigos juniores quando descobriram que eu havia sido cortado. Muitos tentaram disfarçar, mas muitos não, pois estavam felizes pela minha derrota. "Como assim?", você deve estar se perguntando. Eu respondo: simples assim, acompanhe a linha de raciocínio deles; se eu fosse para o time de cima, era uma vaga a menos para eles disputarem, ou seja, quando se pensa individualmente, o sucesso do seu colega de trabalho lhe representa a possibilidade do seu fracasso.

Aquilo foi muito forte para mim. Eu já tinha vivido momentos muito difíceis, mas aceitar que meus companheiros de trabalho não desejavam meu sucesso era algo inimaginável na minha visão de sonho.

Algum tempo depois de assumir que eu não era um jogador fora da curva, entendi que o ambiente é importante para conquistar os resultados e, principalmente, as pessoas são essenciais para manter todo esse circuito em pleno funcionamento. Outro ponto que pesou muito nessa minha difícil decisão foi que eu poderia encontrar tudo isso dentro da minha casa, aliás, é lá que sempre encontraremos o paraíso, é para esse lugar que devemos sempre voltar, aquele lugar que chamamos de LAR. É lá que encontramos a oportunidade para recomeçar, energia para dar a volta por cima e, ainda, recarregar as baterias com o combustível mais poderoso do mundo, o AMOR.

8
De volta às origens – recomeço com o líder nato

Depois desses anos morando sozinho e vivenciando uma estrutura totalmente empirista e bem diferente da minha realidade, estava eu voltando para as minhas origens, voltando para casa, para os braços da minha família e para o seio da empresa familiar que havíamos fundado e construído.

Porém, não éramos mais os mesmos, principalmente eu, que estava totalmente transformado pelas experiências, decepções, vitórias, derrotas, conquistas e fracassos vividos lá fora. Aquele menino de quase 16 anos que havia saído de casa com os olhos brilhando e com o sorriso da esperança nos lábios havia voltado um adulto de 21 anos, mais experiente, porém com um semblante menos radiante, pois, no fundo, sabia que havia fracassado, e não tinha alguma desculpa corriqueira, do tipo: "machuquei o joelho", "o técnico pegava no meu pé", "só se dá bem no futebol quem tem padrinho forte". Nada disso, eu havia desistido por minha escolha, por minhas crenças e pela minha visão de futuro, na qual eu não seria feliz vivendo daquela forma, naquele ambiente individualista e sem ética.

Voltava para casa para retomar junto com meus pais o sonho de transformar uma empresa familiar numa referência de qualidade e bons serviços prestados.

Nos primeiros dias fiquei meio recluso, mais dentro de casa do que fora, mais sozinho do que com os amigos, mas recebi todo o apoio e carinho do meu *Líder nato*. Meu pai me acolheu como sempre, entendeu logo a minha necessidade de incorporar tudo isso e me deixou respirar, me deu liberdade para pensar bem se era isso mesmo que eu queria.

Hoje vejo a importância desse apoio nas relações entre *líderes* e *liderados*. As cobranças são necessárias, seguir as regras também, mas o apoio nos momentos difíceis é o ponto alto de uma relação, seja ela no trabalho ou na vida pessoal. Os *líderes* que não apresentam essa virtude acabam se complicando em sua gestão de pessoas, são sempre elogiados pelos resultados que conquistam, mas, por outro lado, são muito questionados pela maneira como lidam com os conflitos e crises.

Nesses momentos, são os líderes aqueles que ouvem mais, que compartilham as dores, que desafiam as dificuldades em prol da equipe, que se expõem perante todos para preservar o bom convívio, enfim, aqueles que colocam até o seu cargo em risco para salvaguardar a união e o bom andamento de todas as tarefas e pessoas envolvidas. Sim, esse líder existe, não em grande abundância, mas, quando o encontramos, ele é facilmente identificado pela intensidade das suas ações, é ele quem move a empresa para o sucesso, pois arrasta consigo seguidores.

Foi exatamente isso que aconteceu comigo; conforme os dias iam passando, eu comecei a ir à loja de fotografia e filmagem da minha família com mais frequência. Percebi muito rápido que o que eu havia deixado não existia mais, estava muito melhor, por sinal, mais profissional, com mais funcionários, já divididos em setores e áreas bem definidas, tudo sempre com o olhar atento do nosso *Líder*, mas já sem tanta necessidade de intervenções imediatas. Naturalmente, me veio um questionamento: será que eu terei espaço aqui? Será que eu seria mesmo necessário? Será que eu teria conteúdo para contribuir com algo que já estava funcionando tão bem?

Em meio a essas dúvidas, nosso líder me chamou para uma viagem até a capital para visitarmos juntos uma feira de tecnologia e informática; na época, a internet ainda era um bicho estranho e desconhecido. Fomos conversando durante o caminho sobre muitas coisas, mais sobre as minhas experiências como jogador do que qualquer outro assunto, na verdade, ele estava me deixando desabafar um pouco, e foi ótimo. Ser um bom ouvinte é uma das habilidades principais de um Líder, e ouvir com atenção e nos momentos oportunos é ainda mais transformador.

A diferença entre escutar e ouvir é que às vezes apenas escutamos sem tanta atenção e dificilmente alcançamos a compreensão do que está sendo dito, mas quando nos propomos a ouvir com atenção conseguimos compreender o que o outro precisa e aí sim nos aproximamos da empatia.

Quando chegamos à tal feira, fiquei maluco com tanta novidade, com as pessoas bem arrumadas apresentando os produtos, os uniformes das *promoters*, os *stands* coloridos, as primeiras câmeras digitais da marca Kodak, algo futurista para todos, até para a Kodak, que congelou a novidade e acabou engolida num futuro próximo pelas outras marcas. Enfim, era um universo tão rico em novas possibilidades que voltei ainda mais falante em nosso retorno, mas agora não tinha nada de futebol para falar, eram apenas ideias futuristas que poderíamos aplicar em nossa empresa. Meu pai me ouvia com aquele bom e velho sorriso de canto de boca, não falava nada, apenas acenava positivamente com a cabeça, e eu nem vi a viagem passar. Quando chegamos em casa, ainda ficamos conversando um pouco mais na cozinha, minha mãe acordou e passou por nós sorrindo, como quem dizia: "tudo voltou ao normal".

No outro dia acordei mais cedo que todos e fui o primeiro a chegar à loja, já querendo mudar a posição das fotos expostas nas vitrines, modificar o *layout* dos balcões, enfim, movimentar. E então a reunião familiar foi marcada. Na hora do almoço estávamos todos reunidos: meus pais, os proprietários e líderes da empresa, meu irmão, funcionário de um dos maiores fazendeiros da cidade e já proprietário de algumas cabeças de gado e, ainda, responsável pelas finanças da nossa empresa, pois sempre teve tino especial para esse setor, minha irmã, estudante de ballet e proprietária de uma academia de dança (que ficava nos fundos da loja), e eu, o mais novo desempregado da família, mas não deixava de ser um dos herdeiros, não é mesmo?

Com o time formado, nosso Líder abriu os trabalhos de forma resumida e direta. Olhou para os meus irmãos e começou:

– O irmão de vocês voltou e decidiu retornar para os negócios da família, dessa forma, precisaremos alinhar tudo de comum acordo entre nós. Minha sugestão é a seguinte, ao invés de ele fazer parte da nossa equipe, sugiro que ele invista o pouco dinheiro que acumulou em todos esses anos como atleta e comece uma nova loja em outra cidade.

Caramba! Era isso mesmo? Meu pai não estava me acolhendo de volta?

Nem preciso dizer que ele estava muito à nossa frente, não é mesmo?

Já havia pesquisado tudo, tinha descoberto que um distrito vizinho, localizado a dez quilômetros da nossa cidade, iria se emancipar e com certeza precisaria de um comércio mais forte, dessa forma, já havia encontrado o ponto para alugarmos, negociado valores e até sinalizado para a prefeitura o seu interesse, pois, se há algo que o mundo dos negócios recebe muito bem são os pioneiros, aqueles que chegam primeiro e com novidades. Veja o caso das inúmeras *startups* surgindo a cada minuto, sempre com a bandeira da inovação como seu propósito maior.

E foi assim que recomecei, abrindo pela primeira vez, aos 21 anos, meu próprio negócio, é óbvio que com todo o suporte da matriz e da minha família. Foi uma escola diferente e em tempo integral, pois todos os dias era eu quem abria e fechava a loja, trabalhava sozinho, sem funcionários, e nesse mesmo período ainda cursava Educação Física à noite numa cidade a mais ou menos 70 km dali. Saía de casa por volta das sete da manhã e voltava somente após a aula, por volta da meia-noite. Corrido, puxado, cansativo? Sim, mas extremamente produtivo e prazeroso.

A empresa cresceu junto com a nova cidade, formei uma clientela muito fiel, pois, como já estava planejado pelo nosso *Líder*, aquela cidade nova e pequena iria prestigiar aqueles que acreditaram nela durante esse período de transição. Nossa matriz também estava muito bem, tanto que abrimos uma terceira loja em outro bairro da nossa cidade, projeto de expansão em franco crescimento. Tudo ia muito bem. Opa, isso lhe remete a alguma lembrança? Sim, hora da reunião em família.

Todos estavam reunidos quando ele começou, desta vez sem muita conversa, pois estava com uma planta (projeto arquitetônico) aberta na mesa. Era o projeto de demolição do nosso prédio e construção de um prédio muito maior e, claro, com tudo que existia de mais moderno.

Nossa empresa estava completando dez anos e estávamos ficando defasados no que se dizia respeito ao *layout e infraestrutura*, pois o prédio original era uma casa antiga, que fomos reformando ao longo dos anos, e a academia de ballet aos fundos estava crescendo e ficando com mais alunos do que o espaço comportava. Diante desse cenário, veio a estratégia. Iríamos alugar um novo ponto, que precisava ser na mesma rua, pois em cidade pequena o ponto é muito valioso, teria que ter um tamanho parecido com o que tínhamos, para não perdermos a qualidade e continuarmos com todos os serviços, e, como sempre, num valor acessível. Tudo isso já estava planejado, mas o ponto mais importante dessa estratégia eram as questões comportamentais, pois teríamos que deixar a vida confortável que estávamos vivendo, renunciar a algumas regalias, como: restaurantes, roupas novas, viagens, enfim, construção é sinônimo de apertar o cinto, economizar mesmo.

E como aquele *Líder nato* mais uma vez conseguiu convencer a todos sobre esse novo empreendimento? Da mesma forma que das outras vezes, ele nos mostrava os benefícios mútuos, ou seja, seria bom para todos, mesmo que alguns esforços a mais e algumas privações precisassem acontecer durante esse período.

O projeto não seria apenas decorativo, seria também parte de um plano de expansão dos negócios, pois ele iria acomodar num único lugar todos os negócios da família.

À frente, no ponto principal, ficaria a nossa loja de fotografia e filmagem, nosso carro-chefe, que continuaria sendo comandado pelos meus pais; nos fundos seria inaugurada a loja e oficina de motos do meu irmão – sim, ele estava migrando de ramo, deixando os cavalos com patas para ingressar no ramo dos cavalos de potência –, pois o que era um *hobby* pra ele (praticar motocross) acabou virando uma profissão, ele se tornou piloto profissional e, ainda, um grande empresário desse ramo de motocicletas. Já no primeiro andar ficariam os estúdios de edição e fotos e no segundo piso ficaria a academia de dança da minha irmã. Um grandioso projeto com mais de mil metros quadrados de área construída e num ponto privilegiado do comércio local. Porém, para que tudo fosse concluído conforme o planejado, precisaríamos aceitar mudanças em muitas das nossas atividades individuais e juntar todas as nossas forças em prol desse projeto.

Alguma dúvida da nossa decisão? Caímos dentro com toda a nossa força e disposição e, de todas as mudanças, projetos e sonhos propostos pelo nosso *Líder,* esse, com certeza, era o mais desafiador. Como estávamos muito mais maduros, já conseguíamos visualizar com mais clareza algumas possibilidades de erros que antes não eram percebidas, como o aumento que teríamos com as despesas fixas, saindo de um prédio de 400 metros quadrados para um de quase 1.200m². Quem sabe esse seja um dos motivos pelos quais os gestores recuam em muitos projetos, pois, com o aumento do prédio, vem também o aumento das despesas, e, se a receita não aumentasse nessa mesma proporção, a conta não fecharia, além, é claro, do número de funcionários, que teríamos que triplicar.

Mesmo com essas variáveis, decidimos juntos abraçar todas as incertezas, até porque, na pior das hipóteses, estávamos investindo num patrimônio próprio e muito bem localizado. Claro que, para nós, isso era uma segurança imobiliária para o futuro, aquilo que chamamos de moeda de confiança, mas, para o nosso *Líder*, era bem mais que isso. Você se lembra da crise pela qual passamos com os cinemas? Pois bem, um dos maiores problemas daquela crise foi que não éramos proprietários de nenhum dos imóveis, assim, não possuíamos nenhum bem que pudesse ser vendido ou até mesmo renegociado naquele momento, ou seja, exercício de *Lições Aprendidas*, ele não correria esse risco novamente e valorizaria o nosso imóvel, o que não deixa de ser uma estratégia palpável de crescimento. Ainda existe mais um item que meu pai sempre enaltecia, que era a importância de se demarcar território, se posicionar como uma empresa em franco crescimento e com recursos estruturados, o que inibe a chegada de mais aventureiros, ou, pelo menos, exige que eles venham com boas estratégias e *expertise*, o que pode ser até benéfico, pois, se a concorrência vier bem-preparada, elevará ainda mais a prestação de serviço do segmento, o que também promove credibilidade para todos. Essa é a verdadeira força da boa concorrência, elevar a disputa por clientes apenas pela competência, o que naturalmente exige de todos mais disciplina e potência em prol da excelência.

Nossos esforços estavam intensos, proporcionalmente engajados ao andamento das obras, dentro dos prazos e com as receitas bem equilibradas, tudo rodando como um verdadeiro relógio. Estão pensando em mais uma reunião familiar? Infelizmente, desta vez não aconteceu, digo infelizmente porque nós trocaríamos tudo o que aconteceu nesse momento por todas as reuniões do mundo, mas a vida não é assim, não é feita de apenas bons momentos. E, para nós, não poderia ter sido pior. As obras estavam mais de sessenta por cento concluídas, todos trabalhando muito, com três lojas físicas, vários trabalhos externos, como casamentos, aniversários, batizados, inaugurações etc., além de tudo isso, o nosso *Líder nato* estava envolvido na cobertura das campanhas de três candidatos a prefeitos de cidades da nossa região.

Então, em meio a esse turbilhão de trabalho, obras, ansiedade e pouco tempo para cuidar da saúde, o nosso líder amado sofreu um grande susto, que resultou em três pontes de safena, mais de vinte dias de internação e mais de seis meses longe dos trabalhos, se recuperando. Meu pai sofrera um forte infarto. Nunca havíamos trabalhado nem vivido sem a presença dele, como iríamos continuar todos os trabalhos e ainda tocar a obra? Nesses momentos é que reconhecemos verdadeiramente a qualidade de um profissional engajado e comprometido. Demo-nos conta de quão impactante era a sua ausência, porém toda crise pode também ser uma válvula propulsora de mudanças e novos aprendizados. Meus irmãos e eu nos unimos ainda mais e aprendemos algo essencial dentro de qualquer organização: "ninguém é insubstituível". Precisamos mais do que depressa assumir todas as funções do nosso líder, com certeza sem tanta qualidade no início, pois nunca cogitamos a hipótese de sua ausência, aliás, nem imaginávamos que funcionaríamos um dia sequer sem ele.

Mais uma *lição aprendida*, entender a palavra "legado", que significa colocar em prática tudo o que foi aprendido com uma pessoa excepcional, seja ela um patrão, gerente, supervisor, líder, avô, avó, pai, mãe, irmão, irmã, amigo ou amiga, com certeza alguns de nossos professores devem ter sido muito especiais, enfim, legado é o que se deixa para os outros e, principalmente, aquilo que seja útil e aplicável na vida dessas pessoas.

Com esse legado mais do que vivo em nossa vida, concluímos a obra com alguns atrasos, é verdade, pois não era um processo fácil sem o nosso líder à frente de tudo, e também foram necessárias algumas mudanças funcionais ao longo desses três anos de obra. Tantas mudanças são feitas apenas para um projeto de reforma da churrasqueira da casa, imagine para um prédio de três andares para fins comerciais?

Assim, após quase quatro anos de muito esforço, dedicação, disciplina, coragem e amor, inauguramos a nova Foto Vídeo Blóes com a vitrine de vidros enorme que nosso pai queria, com um luminoso gigante na fachada e muito bem iluminada para destacar as fotos por todos os lados.

Vê-lo feliz depois de todos os dias difíceis que viveu após o infarto foi um dos dias mais felizes de todos nós, pois o nosso amor era tão intenso que nos alegrávamos muito mais com a felicidade dele do que com a nossa mesma, e isso também tem nome, chama-se gratidão.

9

Decisões novas de dúvidas antigas – líder solitário

O S CAPÍTULOS SEGUINTES SE DESENROLARAM DE FORMA MUITO diferente dos anteriores, pois, à medida que cada etapa desse processo evolutivo se concluía, o nosso *Líder nato* se fazia cada vez menos presente. Sua saúde não era a mesma, e começamos, mais do que nunca, a pensar no futuro, em qual caminho seguir sem o comando do nosso mestre.

Meus irmãos estavam praticamente encaminhados, faltava apenas eu decidir se iria acompanhar as evoluções tecnológicas e continuar investindo nas lojas de fotografia e filmagem ou iria partir para outra área. No caso, essa outra área era a mesma de sempre, pois, como a minha paixão pelo futebol era muito grande, eu nunca o havia deixado de lado totalmente. Em paralelo a todos os episódios aqui já relatados, concluí minha faculdade de Educação Física, fiz pós-graduação em Treinamento Desportivo, me tornei Diretor de Esportes do clube da cidade, coordenava e dava aula numa escolinha de futebol. Também estava assumindo algumas aulas de condicionamento físico para as mães das alunas de ballet na escola de dança da minha irmã e de quebra nunca havia deixado de disputar campeonatos de futebol ou futsal, fossem eles amadores ou semiprofissionais, em toda a região. Ou seja, nunca me distanciei do mundo dos esportes e das atividades físicas.

Seguia muito atualizado sobre esse mercado, pois era figura carimbada em todos os congressos de *fitness* que existiam no Brasil, passei a observar uma tendência muito forte do crescimento das academias mais estruturadas, com várias modalidades, quase um clube, as quais antes só apareciam nas grandes cidades, mas agora começavam e se multiplicar em todo canto. Claro que os meios de comunicação e, principalmente, a internet contribuíram muito para esse crescimento, pois tudo estava mais acessível, exposto na rede e mesmo nós, que morávamos em uma cidade pequena, conseguíamos acompanhar as novidades em tempo real.

A mudança

Após algumas boas horas de conversa com nosso *Líder nato*, chegamos ao consenso de que poderíamos vender as duas filiais e ficar apenas com a matriz e ainda nos transferirmos para um local menor, onde apenas meus pais e outros poucos funcionários dessem conta do negócio. Dessa forma, eu poderia me juntar à minha irmã e iniciar o processo de ampliação da escola de dança, transformando-a num complexo de *Saúde e Bem-estar*.

Tomada a decisão, saímos em busca das soluções e a primeira delas era achar os compradores para as duas filiais. Porém, não era tão simples, pois havia toda uma história por trás, na verdade, uma vida. Meu pai não queria apenas vender, ele queria que alguém desse continuidade a tudo que ele havia construído e, pasme você, acabamos vendendo para os nossos próprios funcionários, com muitas facilidades nos pagamentos e uma metodologia de transição que só fui ver novamente recentemente, quando acompanhei algumas fusões de grandes empresas às quais presto serviço como treinador de líderes nas áreas de desenvolvimento de pessoas.

Meu pai se comprometeu com todos os novos "patrões" que ficaria junto deles por mais vinte e quatro meses, para dar todo o respaldo técnico e administrativo, até que eles estivessem seguros para seguir sozinhos, e também para que os clientes estivessem seguros para seguir com eles, e eles ainda poderiam usar o nosso nome durante esse período. Também nos comprometemos a não voltar ao mercado como seus concorrentes. A mais clara e bonita negociação da qual já participei até hoje, pois tudo isso aconteceu em sua maior sinergia, todos honraram seus compromissos e, o melhor, sem sequer uma linha de contrato escrita, tudo apenas apalavrado, como se dizia antigamente: "no fio do bigode". Seria isso possível hoje em dia? Prefiro sempre continuar acreditando que sim.

Enquanto esses dois anos de transição aconteciam, eu também aproveitei para concluir minha pós-graduação e dar andamento à nova parceria com a minha irmã. Rapidamente os resultados começaram a aparecer, pois eu estava muito atualizado e disposto a trazer todas as novidades desse recém-chegado mundo *fitness* para a nossa cidade. A aceitação foi muito boa e em pouquíssimo tempo já havíamos ampliado significativamente nossa estrutura, com novas modalidades, quadro de horário bem diversificado e uma equipe de trabalho atuando cada vez mais motivada.

Foi aí que minha irmã me pegou de surpresa. Lembra-se das reuniões de família que aconteciam quando as coisas estavam indo bem? Pois é, desta vez ela convocou uma em particular comigo e, sem papas na língua, me ofereceu a parte dela na academia, pois estava com um novo projeto e de mudança para o Rio de Janeiro. É claro que nem considero isso uma negociação, pois apenas assumi suas responsabilidades como gestor e dei sequência aos planos que já estavam em andamento.

O único detalhe é que decidi mudar o nome do estabelecimento, pois o nome Vertical Academia estava muito direcionado à escola de dança, e eu queria que as pessoas percebessem que havia mudado, que não seria apenas uma escola de dança, mas, sim, um Complexo de Saúde e Bem-estar, que fosse sinônimo de qualidade de vida, que atraísse os jovens que queriam um corpo bonito, mas também os adultos e idosos que buscavam longevidade e mais saúde.

E foi com esse novo manifesto – *promover a saúde através da prática regular de atividades físicas* – que nascia, em junho de 1997, a CityVida Academia, na minha cidade natal, Capão Bonito, a qual, com muito orgulho, continua ativa até hoje. Já com outros proprietários, amigos de longa data também, pois minha carreira se desenvolveu em outros campos e decidi focar nessas novas oportunidades.

10
Carreira solo – liderança compartilhada

Nos primeiros cinco anos como único proprietário da academia, me dediquei ao máximo para que o negócio se consolidasse e crescesse, pois, naquele tempo, ter uma academia estável e lucrativa demandava e consumia uma energia enorme, muito distante do que é o mundo *fitness* atual. Naquela época – final dos anos 1990 –, as pessoas não tinham noção clara da promoção da saúde como necessidade, quem procurava as academias eram as mulheres, em sua maioria, e, no caso dos homens, apenas os idosos, geralmente por alguma recomendação médica. Bem diferente do que vemos nas inúmeras academias e modelos de novos negócios gerados por esse segmento. Por isso, eu estava em todos os congressos, fazia um curso atrás do outro e, em um deles, estava eu na Unicamp, em Campinas, quando vi uma turma de alunos vestindo branco da cabeça aos pés, caminhando pela universidade com pranchetas, trenas, medidores de calor, enfim, uma parafernália de equipamentos de medição. Como sempre fui muito curioso, logo estava eu caminhando junto com eles, para tentar descobrir o que estavam fazendo e, assim, identifiquei uma possibilidade que mudaria mais uma vez o rumo da minha carreira.

Eles eram alunos da faculdade de Fisioterapia e estavam cursando o Módulo de Ergonomia aplicada ao Trabalho, algo totalmente novo para mim e para muitos naquela época, pois até hoje ainda me perguntam para que serve essa "tal ergonomia", alguns ainda confundem com "economia". Mas foi essa ciência que me levou para o mundo das grandes empresas.

Ergonomia é a ciência que estuda a relação do homem com o seu ambiente de trabalho e, segundo o papa da área no Brasil, o Dr. Hudson Araújo Couto, trabalho ergonomicamente correto é aquele que promove ao trabalhador adaptação do trabalho ao homem com conforto, segurança e produtividade, por meio de boas práticas posturais, compensações e enriquecimento de tarefas.

Conforto + Segurança + Produtividade = Ergonomia
Dr. Hudson Araújo Couto

Não preciso nem falar que passei o resto do dia e dos meses seguintes com aqueles alunos, fiquei apaixonado pela possibilidade de levar mais conforto postural a diversas atividades laborais e para perfis de trabalhadores amplamente diversificados, sem mencionar o principal motivador do meu interesse: ser pioneiro. Esse desafio de ser o desbravador sempre me estimulou muito, além de já ter visto ótimos resultados dentro dos nossos negócios em família.

Terminei minha especialização em Ergonomia com um projeto de Combate às LER/DORT (Lesões por Esforços Repetitivos e Distúrbios Osteomusculares Relacionados ao Trabalho) e, com esse material debaixo dos braços, comecei a visitar todas as empresas da minha cidade, que infelizmente eram poucas, na verdade, apenas duas, uma do ramo de minério (cimento) e outra do setor florestal (eucalipto). Como eu era muito conhecido na cidade, por atuar desde criança no comércio local, fui muito bem recebido em ambas as empresas, porém sem grandes esperanças, pois era, e ainda é, muito difícil que as grandes empresas invistam em projetos novos sem comprovações científicas e sem *cases* de sucesso como *benchmark*. Foi a primeira vez que me deparei com um problema em ser o pioneiro, e posso dizer que foi minha primeira lição do mundo corporativo.

Se não há histórico nem evidências, consequentemente, dificilmente haverá grandes possibilidades de imediato, ou seja, é preciso provar e comprovar tudo. Nesse novo mundo no qual eu estava ingressando não há espaço para o "achismo", tudo é registrado nos relatórios, tudo é pesquisado nos históricos, tudo é conduzido pelo planejamento e tudo é mensurado pelos resultados e seus devidos comparativos, tanto internos quanto externos.

Voltei muito frustrado para a minha realidade, mas você lembra que a frustração também pode ser combustível? Pois é, quando enxergamos o copo meio cheio, transformamos as decepções em novos aprendizados e seguimos em frente.

Voltei para a faculdade e fui pesquisar melhor os parâmetros de testes, para entender na prática como seriam as aplicações das avaliações para gerar resultados palpáveis, tudo o que os gestores me questionaram naquelas visitas e eu não tinha as respostas. Obtive resultados surpreendentes e muito animadores, pois todas as pesquisas apontavam que a prática regular de atividade física, seja ela na sociedade, em empresas, de maneira individual ou coletiva, seria a mais forte tendência dos nossos tempos. Será que alguém discorda disso hoje em dia?

O projeto foi refeito, e agora eu estava melhor preparado e muito mais confiante, mas com um grande problema: precisava encontrar um caminho mais técnico e formal para apresentar novamente o projeto, pois a segunda lição que aprendi em minha primeira experiência foi que no mundo corporativo o "QI" – e não estou falando de Quociente de Inteligência, e sim do "Quem Indica" – é algo que pode parecer favorável em muitos momentos, mas talvez não seja sustentável. Pegar um caminho mais longo nem sempre representa chegar atrasado.

Foi diante desse cenário que percebi que não poderia pular etapas, que deveria seguir todas as exigências e me enquadrar nos padrões comerciais das minhas possíveis contratantes. Mas, então, como eu seria chamado novamente para apresentar o projeto? Como eu conseguiria a minha segunda chance?

Pode até parecer que todas as minhas experiências profissionais saíram de um roteiro de filme, ou de uma invenção da minha imaginação, mas, pode acreditar, as próximas linhas vão retratar exatamente como aconteceu.

11
Do Carnaval ao empresarial – líder social

MINHA PORTA DE ENTRADA PARA O MUNDO CORPORATIVO veio após um desfile cívico realizado em comemoração ao aniversário da minha cidade natal (2 de abril de 1997). Imagino que você já não está acompanhando muito bem essa lógica, não é? Para colocar tudo em ordem cronológica exata, vou voltar um pouquinho no tempo.

Além de todas as experiências que já relatei nestas mais de trinta e cinco mil palavras, em paralelo a tudo isso, alguns amigos de infância e eu criamos, coordenamos e nos divertimos com um bloco de Carnaval por mais de dez anos, que foi o mais famoso e vitorioso bloco de carnaval de salão da nossa cidade, chamado *Banana Bloco*. Tá bom, ainda não está claro o que isso tem a ver com o mundo corporativo? Vamos lá!

Nosso grupo de amigos formou o bloco de carnaval apenas com o intuito de se divertir no carnaval de salão da nossa cidade, que, diga-se de passagem, era o mais animado Carnaval da nossa região. Pois bem, a coisa foi crescendo, e o bloco foi se tornando famoso; enquanto isso, eu me envolvia com o futebol e começamos a expandir as atividades do bloco; quando nos demos conta, tínhamos criado uma organização que promovia bailes e festas (em sua maioria para angariar recursos para as fantasias de Carnaval), criamos escolinhas de esportes (vôlei e futsal), fazíamos campanhas sociais (agasalho e alimentos), enfim, atuávamos fortemente em nossa sociedade.

Como estávamos sempre em evidência, fomos convidados a participar desse desfile cívico por um motivo muito peculiar, os organizadores estavam preocupados com a estagnação das atrações, que eram sempre as mesmas, e gostariam de algo novo para aquele ano, que fosse mais atrativo para o público e ainda estimulasse a criatividade dos alunos das demais escolas participantes.

Foi com essa missão de criatividade e inovação que prontamente aceitamos o desafio de colocar um bloco de Carnaval totalmente irreverente e formado apenas por amigos numa solenidade tão séria e de tanta exposição. Estávamos muito preocupados, pois não era a nossa *vibe*, não tínhamos nem recursos para isso, nem mesmo sabíamos o que iríamos fazer, mas nessas horas duas ou mais cabeças pensam muito melhor do que uma, e uma das marcas registradas do nosso bloco era o modelo das reuniões para discutir as fantasias, músicas e estratégias das competições, pois, sempre que esses desafios surgiam, nos reuníamos na casa de um dos integrantes, com carne na churrasqueira, cerveja gelada no freezer e uma lousa com alguns pedaços de giz em mãos, e então começávamos a "viajar na maionese", falávamos sobre tudo, surgiam as ideias mais absurdas, mas sempre chegávamos a algumas ações e estratégias que resolveriam a situação.

Depois de ingressar no mundo dos treinamentos e do *Team Building*, entendi que o que estávamos fazendo ainda na década de 1990, num churrasco com amigos, era mais um modelo de estratégia metodológica para tirar as equipes da Zona de Conforto e estimular a criatividade.

Aplicamos muito esse tipo de trabalho com vários níveis hierárquicos nas grandes empresas, mobilizando toda a equipe para um hotel/resort ou simplesmente para o jardim da empresa para tirá-la do ambiente rotineiro. Contratamos instrutores de fora, de preferência de outros estados, pois até o sotaque diferente abre novas possibilidades, preparamos músicas inusitadas, aromas e comidas diferentes, decorações atípicas, enfim, tudo para estimular pontos que não pertencem à rotina daquelas pessoas. Era exatamente igual ao que acontecia em nossos churrascos do bloco, mas, na época, sem a menor pretensão de entender aquela situação como uma estratégia, que também tem nome "gringo", um tal de *Brainstorming*. Mais que uma técnica de dinâmica de grupo, é uma atividade desenvolvida para explorar a potencialidade criativa de um indivíduo ou de um grupo – criatividade em equipe –, colocando-a a serviço de objetivos predeterminados. Por isso é tão importante darmos voz às nossas equipes de trabalho, pois toda e qualquer ideia é viável até que surja uma melhor, mas os líderes precisam estar prontos e preparados para ouvir tudo atentamente, e, muitas vezes, além de ouvir, precisam saber traduzir, pois as ideias podem vir de pessoas altamente técnicas e com algumas dificuldades para se expressar de forma mais direta e clara, portanto, o quinto hábito de Covey, *Compreender para ser compreendido,* fará sempre parte dessas dinâmicas e relações interpessoais, pois são pessoas que vão executar as tarefas, e, quanto mais envolvidas elas estiverem com o processo de criação e construção, mais confiantes estarão para colocar tudo em prática.

Estávamos acostumados com esse cenário muito criativo em nossos Carnavais e nosso grupo apostava alto na irreverência e alegorias debochadas para chamar a atenção do público e das comissões julgadoras, mas, naquela situação, estávamos fora desse ambiente, pois não poderíamos fugir tanto dos protocolos cívicos, não tínhamos verba para grandes alegorias e, ao mesmo tempo, estaríamos sendo julgados por um público bem diferente e exigente, que era nada mais nada menos que a nossa cidade inteira. Não seria nada fácil nos adaptarmos àquela realidade e em tão pouco tempo.

Respeitando integralmente essas condições, aproveitamos as possibilidades que tínhamos e chegamos ao consenso de que atuaríamos em várias frentes. Depois de entender a importância da setorização, da divisão de tarefas e, principalmente, do papel do líder operacional, o qual é chamado de Líder de Produção em muitas empresas, criamos também o motivo principal de participarmos daquele momento, aproveitando a carona de todas as escolas que desfilavam havia mais tempo, aquelas mais tradicionais, que sempre homenagearam a cidade obviamente em virtude da data, mas também homenageavam alguma figura pública importante do nosso país, em sua maioria, políticos ou escritores de obras literárias famosas.

Conosco não foi diferente, escolhemos um ídolo nacional para homenagear, mas não era nenhuma sumidade literária, ou algum mártir da nossa pátria, pois queríamos alguém mais popular, que estivesse próximo do nosso estilo irreverente, alguém que as crianças também conhecessem e de quem gostassem.

Foi com essas prerrogativas que, por unanimidade, resolvemos homenagear a banda Mamonas Assassinas. Infelizmente estava completando um ano daquele trágico e fatal acidente aéreo sofrido por eles.

Nossas estratégias

Pegamos um caminhão emprestado de um amigo, decoramos como se fosse um palco em dia de show, escolhemos integrantes do nosso bloco com características físicas parecidas, ou nem tanto, com os integrantes da banda e com cara de pau suficiente para descer a rua principal da nossa cidade fantasiados de Batman, He-Man, Presidiário e Chapolin Colorado, pois eram essas fantasias que a banda usava com frequência em seus shows.

Além desse carro alegórico principal, tínhamos mais um problema, que era a banda marcial, pois nosso bloco tocava apenas marchinhas de carnaval e precisaríamos transformar um bloco de carnaval em uma fanfarra que tocasse "Pelados em Santos" (maior sucesso dos Mamonas).

Quem vocês acham que ficou com esse setor? Sim. Eu fiquei com esse desafio de em menos de dois meses ensaiar um grupo de amigos, sem muitas habilidades musicais, e transformá-los numa banda marcial, ou pelo menos chegar perto disso.

Como sempre, tive muitos bons contatos e relacionamentos. Aliás, um líder de alta performance mantém sempre viva e ativa a sua rede de contatos, pois são esses bons relacionamentos internos ou externos que darão suporte nos momentos de complexidade de sua gestão. Com essa rede sempre pulsando, liguei para um professor de uma escola de uma cidade da nossa região, famosa por suas grandiosas fanfarras, e, depois de muito insistir, consegui três músicos e o maestro para dois ensaios semanais até o dia do desfile. Acho que foi o primeiro grande evento do qual participei, e, hoje em dia, um dos segmentos em que eu atuo com muito prazer é a organização das grandes festas das empresas, desde os detalhes da infraestrutura até atrações artísticas, e ainda atuo como cerimonialista, sempre conduzindo tudo com muito amor. Às vezes me perguntam de onde veio essa veia artística, mas eu sempre me esquivei da resposta, pois tinha até um pouco de vergonha de dizer que vinha das minhas experiências da juventude com carnavais entre amigos, mas hoje, após tantos anos, percebi que é impossível ignorar as raízes, principalmente da juventude, pois aquela busca por liberdade e por conquistas tão presente nessa fase da vida precisa ser revisitada com certa frequência, para que essa chama jovem não se apague dentro de nós.

Faltando uma semana para o grande dia, estava tudo praticamente pronto. Os ensaios estavam nos ajustes finais, a decoração do caminhão estava encaminhada, nossas namoradas da época (algumas se tornaram esposas, como a minha) ensaiavam como balizas e porta-bandeiras, enfim, tudo acontecia dentro do planejado. Foi nessa hora que alguns dos nossos integrantes comentaram:

– Está tudo muito legal, mas se tivéssemos uma Brasília amarela seria muito mais impactante!

Aquilo soou como música em meus ouvidos. Lembra-se do meu lema: "Se preocupe quando está quieto demais?". Pois é, saímos feito doidos em busca do tal carro. A poucos dias do evento queríamos alugar, comprar, emprestar de qualquer jeito uma das marcas mais conhecidas daquela famosa banda. Pode parecer uma tarefa fácil, pois naquela época, e em uma cidade pequena do interior, teríamos várias opções de Brasílias. Mas quem teria coragem de emprestar para a turma do Banana?

Foi então que um amigo chegou com uma Brasília branca, meio caindo aos pedaços, mas com carta branca para usarmos, era o toque mágico que faltava. Pintamos o carro com tinta látex (amarela, é óbvio), pois ela precisava sair após o desfile para o devolvermos ao proprietário em sua cor original. Decoramos com riqueza de detalhes, e, cada vez que o motorista acelerava, uma fumaça amarela saía pelo escapamento. Detalhes são importantes sempre.

Enfim chegou o grande dia! De forma estratégica, esperamos todas as escolas desfilarem e, depois de alguns minutos do encerramento do desfile, quando algumas pessoas até já se preparavam para ir embora, uma bateria de fogos de artifício anunciou o começo do único desfile da Fanfarra "Banana Banda Show". Confesso que hoje, assistindo aos vídeos e revendo algumas fotos, posso dizer que não estava tão glamoroso assim, mas a lembrança que tenho deve ter sido influenciada pelo sentimento único de realização e de dever cumprido, algo que o dinheiro não compra. Só quem viveu pode contar, foi algo mágico para quem fez parte.

É o que conhecemos hoje como "Orgulho Organizacional", quando funcionários se reúnem para fazer algo fora do seu escopo, como o "Dia de Sol", que é uma ação que algumas empresas promovem para descartar o que não se usa, limpar o que não se limpa no dia a dia, organizar os armários, enfim, botar a casa em ordem. E por que esse nome? Porque é feito em um sábado, de preferência com muito sol, pois, enquanto alguns funcionários realizam o trabalho, outros preparam o churrasco para a confraternização quando tudo estiver pronto. Foi com esse sentimento inesquecível que percorremos aproximadamente mil metros das principais ruas da nossa cidade, com todas as alegorias e os detalhes que já contei, e tocando apenas quatro músicas: abrimos com "Eye of the Tiger", tema do filme *Rocky, um lutador*, depois o tema do nosso carro alegórico, a música "Pelados em Santos" - Mamonas Assassinas, para a frente do palco, que era o momento mais solene do desfile, pois apresentaríamos às autoridades. Como sempre, fomos abusados, criativos e surpreendentes, ousamos apresentar nada mais nada menos que "New York, New York" de Frank Sinatra, e, para fechar, é claro, "Parabéns a você", em homenagem ao aniversário da cidade.

Foi uma das emoções mais intensas de que eu me recordo daquela época, acredito que por tudo o que já foi relatado, mas, olhando para trás, entendo que tinha algo a mais envolvido, ou posso dizer algo a menos. Sim, menos dinheiro, menos compromisso, menos medo de errar, menos inveja, menos arrogância e menos vaidade, era apenas um grupo de amigos de uma cidade pequena, sem grandes atrações e diversões eletrônicas, por isso precisávamos sempre inventar algo para nos reunir e nos divertir, precisávamos sempre estimular nossa criatividade. Parece-me que estamos perdendo isso hoje em dia, pois tudo está pronto na palma da mão, ou algum programa novo e muito sofisticado consegue fazer tudo num simples clique.

Estamos aprisionando nossos filhos atrás de produtos prontos, de compensações pela nossa própria falta de tempo, pelo medo das frustrações. Eu tenho coragem de te desafiar a se lembrar de quando foi a última vez que você jogou bola com seus filhos, andou de bicicleta, soltou pipa, brincou de casinha, enfeitou as bonecas, ou simplesmente conversou sobre sua infância e juventude. Meus filhos adoram me ouvir contar as histórias e aventuras da minha infância. Quando falo de todas as peripécias que aprontávamos, eles me olham em silêncio, mas eu consigo ler a mente deles, enquanto se perguntam como era possível fazer todas essas coisas.

Ao menos pensem nisso, e, se você ainda não o fez, ainda dá tempo!

E a entrada no mundo corporativo?

Muito bem, o que essa grande aventura com o Banana tem a ver com a minha segunda chance de apresentar o meu projeto de Saúde do Trabalhador para a maior empresa da nossa cidade?

É quase difícil de acreditar. No dia seguinte acordei um pouco mais tarde, pois estava cansado além do normal, mas aquele cansaço de rei, pois quando tudo é intenso, exaustivo, mas dá certo, se torna extremamente prazeroso. Foi então que o telefone da minha casa tocou e eu, ainda com aquela voz meio rouca, atendi e quase fiquei totalmente sem voz para responder o que estava sendo perguntado do outro lado da linha. Era a coordenadora corporativa de comunicação interna daquela grande empresa da nossa cidade me fazendo a seguinte pergunta:

– Você é o responsável pela fanfarra Banana Banda Show?

Eu não sabia se devia responder sim ou não. De repente havíamos feito algo de errado...

E ela continuou:

– Eu estava ontem no palco a convite do prefeito e fiquei impressionada com o que vocês fizeram. Nós teremos um evento interno aqui na empresa, quando será inaugurado o NEA – Núcleo de Educação Ambiental, e toda a diretoria da empresa, inclusive o presidente nacional, virá e, portanto, gostaríamos de saber quanto vocês cobrariam para abrilhantar nosso evento e também tocar o hino nacional brasileiro na sessão solene de inauguração do nosso espaço.

Era algo que eu jamais imaginaria. Onde estávamos e para onde poderíamos chegar, o que ela estava me propondo era uma avalanche de possibilidades. Mas, com certeza, seria algo muito mais difícil, com uma responsabilidade ainda maior, e eu precisaria pensar, conversar com a galera, enfim, entender se daríamos conta de mais esse desafio. Porém, antes da minha resposta, ela se antecipou e disse:

– Só tenho um problema, você precisa responder agora, pois meu evento será daqui a três dias.

Para quem já estava sem fôlego, aquilo foi o golpe final. Eu fiquei sem palavras por alguns segundos, e a única coisa que me veio à cabeça foi que era a minha chance dupla – de incorporar mais uma atividade ao meu currículo e ainda ter acesso ao lugar em que eu mais queria estar naquele momento. Com essa percepção de oportunidade, respirei fundo e disse:

– Claro, estaremos aí com certeza. Pode confirmar nossa presença. Só me dê um tempo para eu levantar as despesas e te passar os valores.

Agendamos uma reunião presencial para o final daquele mesmo dia, ou seja, eu teria mais ou menos cinco horas para levantar todos os custos, viabilizar os materiais, comunicar os integrantes do bloco, me certificar da disponibilidade de cada um e, ainda, ensaiar o hino nacional.

Saí desesperado, procurando algum integrante do bloco para me ajudar, mas meu tempo era curto e todos tinham suas obrigações. Foi aí que eu resolvi mudar os planos por minha conta e risco, pois os integrantes do nosso bloco trabalhavam em vários setores diferentes e o evento daquela empresa seria na quinta-feira, ou seja, todos estariam impossibilitados de participar, ou pelo menos a maioria, e para complicar ainda mais só sabíamos tocar quatro músicas, as quais demoramos dois meses para aprender, e ainda contamos com músicos de fora para reforçar a banda. Como iríamos ensaiar o hino nacional em menos de dois dias? Seria impossível.

Aprendi em uma palestra, com o estudioso em evolução da tecnologia, Ph.D. em Administração de Empresas, renomado escritor e um dos professores mais respeitados da UFRJ e da Fundação Dom Cabral, professor Paulo Vicente Alves, que:

> "Na crise, fazemos coisas inimagináveis e nunca antes pensadas."

Foi nesse momento de reflexão que a minha rede de contatos entrou em ação novamente, resolvi ligar para o mesmo maestro e pedir ajuda. Mais uma vez fui atendido prontamente, pois ele também tinha interesse em mostrar um projeto cultural para essa empresa, ou seja, eu estava vivendo ali meu primeiro momento de *networking*.

Essa é uma palavra inevitavelmente relacionada ao contexto empresarial e indica uma atitude de procura de contatos com a possibilidade de conseguir subir na carreira. Apesar disso, *networking* não é uma atividade egoísta, em que você só quer se aproveitar de uma pessoa para o seu próprio bem. Deve existir um sentido de reciprocidade, o benefício deve ser mútuo, porque, mesmo que uma pessoa seja mais experiente, ela sempre pode aprender alguma coisa nova.

Resumindo, interesses iguais encurtam as negociações. Acertamos que ele levaria sua banda marcial completa, com todos os seus alunos mais experientes e sem nenhum custo; precisava conseguir apenas o transporte e a alimentação do pessoal.

Nem preciso dizer o quanto minha reunião no final de tarde foi rápida, fechei os detalhes com a empresa e, no dia combinado, executamos o trabalho com maestria, com o perdão do trocadilho. Foi um grande sucesso e eu consegui meu passaporte de entrada para aquela grande empresa, à qual, ainda hoje, quase trinta anos depois, continuo prestando serviços.

12
Entrar é fácil, difícil é se manter – líder convincente

A APRESENTAÇÃO HAVIA SIDO UM SUCESSO, A CONTRATANTE adorou o meu empenho e, depois desse evento com a fanfarra, vieram muitos outros, como: organização de festa para os filhos de funcionários no mês das crianças, confraternizações de final de ano ou mesmo aqueles churrascos com as equipes quando batiam suas metas. Ainda atuei como monitor ambiental nas visitas da comunidade às fazendas da empresa e me tornei escoteiro para cuidar de um trabalho social patrocinado por eles. Hoje penso em todas essas experiências com muita gratidão, pois foi a minha terceira escola, a base de construção dos meus relacionamentos, foi onde aprendi a ouvir as necessidades das pessoas envolvidas e sempre tentar superar as expectativas, já que em eventos empresariais, sociais ou comemorativos não se pode apenas fazer o combinado, deve-se surpreender sempre, tanto a quem contrata como a quem participa, pois evento bom é aquele em que todos estão satisfeitos.

Porém, eu ainda não estava feliz. Com certeza estava muito grato por tudo aquilo que estava acontecendo, mas o que eu queria mesmo era uma chance de apresentar o meu Projeto de Saúde do Trabalhador para o setor de HSMT (Higiene, Segurança e Medicina do Trabalho).

Mais uma vez, compreendi que nas grandes empresas os caminhos nem sempre são únicos, o leque de possibilidades está sempre aberto, precisa haver *sinergia* entre as áreas, ou seja, mais uma vez é preciso entender as necessidades para viabilizar a implantação de qualquer novo programa. Posso até resumir um passo a passo:

1) **Descobrir a necessidade da área ou setor:** é necessário estudar e compreender as necessidades de cada setor de forma separada, pois as dores tendem a ser diferentes.
2) **Descritivo básico:** depois de levantar as dores e necessidades, descrever as ações de forma clara e objetiva é o próximo passo, sempre com objetivos gerais e específicos bem alinhados.
3) **Alinhar as expectativas:** após apresentar o descritivo é necessário ouvir os gestores para certificar-se de que as expectativas estão alinhadas, para não causar frustrações futuras.
4) **Acompanhar a evolução:** é preciso acompanhar cada passo muito de perto para realinhar o que for preciso sem perder tempo com o retrabalho.
5) **Continuar as inovações**: não deixar as ações caírem na rotina, para que os picos de entusiasmo não se percam ao longo do trabalho e todos se mantenham motivados.

Conhecendo a fundo essas etapas e também toda a cadeia, recuei novamente, pois, na minha cabeça, eu iria implantar um projeto ergonômico para cem por cento da empresa, ajustando os postos de trabalho e implantando Ginástica Laboral para todos.

Entendi rapidamente que isso não era viável. Eu precisava descobrir qual área me proporcionaria as melhores condições para esse projeto, quais setores poderiam interromper sua jornada para realizar os exercícios (períodos de pausas), conhecer as reais atividades desses trabalhadores, saber suas exigências posturais e osteomusculares (dia típico), levantar o histórico ambulatorial das possíveis lesões relacionadas ao trabalho (queixas médicas e CIDs – Classificação Internacional de Doenças), e, por fim, presenciar e viver o cotidiano deles, para entender o relacionamento entre eles (clima organizacional).

A partir dessa *expertise*, hoje em dia aplico esses parâmetros para analisar as condições de todos os meus possíveis clientes, áreas e setores, seja com os programas de saúde ou até mesmo com as minhas *palestras* e *treinamentos*.

Escrevendo estas linhas, passou um filme do início da minha carreira nas grandes empresas, e um questionamento me veio com muita força: "Por que eu não estava atento a tudo isso naquela época?".

Simples, eu não tinha a experiência que tenho hoje, não havia feito aquilo em nenhum outro lugar, e pouquíssimas empresas já haviam iniciado esse tipo de projeto, ou seja, era tudo muito novo para todos.

Mesmo assim, consegui a oportunidade de implantar o meu Programa de Saúde do Trabalhador com base na Ergonomia e Ginástica Laboral num único setor, com um período de teste de três meses e sem nenhum custo, nem para mim nem para a empresa contratante. Era uma oportunidade de mostrar meu trabalho e, se obtivesse bons resultados, iríamos negociar um orçamento para o ano seguinte.

É difícil descrever a minha felicidade em conseguir aquela chance; eles confiaram em mim, me deram um voto de confiança mesmo sem nenhuma experiência prática naquele segmento, porém já havia demonstrado meu comprometimento com os outros eventos e isso gera credibilidade, ou seja, não importa o seu trabalho, tarefa, atividade ou função, faça sempre o melhor que você pode, pois sempre haverá alguém olhando.

Trago até hoje essa lição para o meu modelo de gestão, procuro dar o máximo de mim em todas as situações, proporcionando liberdade para as pessoas à minha volta, para que também possam se doar com afinco e ter segurança até para errar, mas nunca deixar de fazer. Precisamos de mais proatividade, e saber visualizar rápido aqueles que têm vontade também é papel do líder.

Acredito que eu estava tão empolgado que cheguei como um *tsunami* aos postos de trabalho, num ambiente totalmente conservador que segue as regras e os procedimentos em tempo integral, com seus uniformes pálidos e sempre usando seus EPIs (Equipamentos de Proteção Individual). De repente, chega um professor de Educação Física com agasalho de tactel, tênis da moda, camiseta colorida e uma caixa de som para animar as aulas, era o mesmo que encontrar alguém de terno e gravata em Fernando de Noronha. Além desse estereótipo diferente de todos, cheguei com a animação em alta voltagem. No início, acredito ter assustado as pessoas com tanta empolgação, mas foi essa mesma empolgação que me fez ficar, pois muitos comentários surgiram do tipo: "Ele é animado, né?", "As aulas são agitadas!", "Sempre tem alguma novidade!"

O meu período de adaptação foi rápido e, em menos de duas semanas, estava integrado com as equipes e sendo muito bem aceito no dia a dia laboral daqueles profissionais.

O perigo da ZC

Sem perceber, e muito rapidamente, a ZC me pegou; entrei na zona mais perigosa do mundo corporativo, estava me sentindo em casa. Foi nesse momento que meu mundo desabou. Ainda faltavam algumas semanas para o fim do meu contrato de experiência quando a líder do

HSMT me procurou e disse que o diretor viria do escritório central (do Corporativo que ficava na capital de São Paulo) e queria conhecer o meu trabalho, pois já havia recebido ótimos *feedbacks*.

Saí dali com dois sentimentos: o primeiro foi de alegria, pois meu projeto estava repercutindo bem dentro da empresa, e o segundo foi de medo, muito medo mesmo, pois eu não tinha nada documentado ou registrado para apresentar.

Imediatamente, corri para a minha sala para tentar montar uma apresentação, na época em *slides* impressos em folhas transparentes para retroprojetores. Fiquei até tarde da noite nesse trabalho, ou, melhor dizendo, na tentativa de realizá-lo.

Foi nesse momento que entendi cada etapa do processo:

1) Elaborar um projeto macro: com objetivos gerais, de médio a longo prazo, com um panorama geral do histórico da empresa e possíveis melhorias com o desenvolvimento técnico e operacional das próprias ações que serão realizadas.

2) Comparar esse projeto com o mercado: visualizar o que já foi aplicado dentro e fora daquela empresa. Entender de fato a palavra *benchmarking*, que pode se resumir em um processo de comparação de produtos, serviços e práticas empresariais, sendo um importante instrumento de gestão das empresas. No meu caso, indispensável para entender possíveis falhas que já poderiam ter acontecido em outros lugares, para não repeti-las, pois eu estava em um projeto de avaliação, portanto minimizar falhas e riscos deveria ser minha prioridade.

3) Dividir as etapas do projeto: principalmente com a criação de um projeto piloto, que deve possuir começo, meio e fim. Com prazos previamente determinados e conclusões mensuráveis de cada ciclo finalizado. Mas eu estava no auge da empolgação e caí na tentação de mostrar sempre mais serviço, o que não quer dizer mais qualidade. Muitas vezes, menos é mais sim!

4) Apresentar todos os resultados conquistados em cada fechamento de ciclo: apresentar cada etapa do trabalho, com seus pontos fortes e fracos, além do comparativo, o antes e depois do projeto. Como eu estava sempre com um novo projeto de expansão do programa, não concluía cada ciclo, pois direcionava o foco para o próximo passo, sem me atentar à importância de concluir as etapas em andamento. Acredito que esse seja o ponto que mais pesou em todas as minhas falhas, pois isso gera uma confusão de dados causada pela falta de organização.

5) Apresentar a proposta consolidada e um plano de expansão para as demais áreas: para isso, usar como referência os resultados obtidos no projeto piloto. Como não havia um projeto piloto bem definido, e eu não finalizei cada ciclo, o efeito dominó desencadeou de forma negativa, com acúmulo de pendências.

6) Metodologia de ações de manutenção do programa: é preciso identificar as ações mais seguras e que promovem maior participação dos colaboradores, ou seja, pilares de sustentação do programa. São elas que servirão de alicerce para as novas ações, pois inovar sempre é preciso, mas antes é preciso consolidar os resultados para evitar o efeito serrote, aqueles altos e baixos constantes. Precisamos do modelo escada, em que antes de subir mais um degrau estabilizam-se os dois pés no degrau anterior.

7) Avaliação constante: seja através de um questionário de satisfação aplicado com cada participante ou até mesmo com entrevistas informais. Conhecer e identificar o sentimento e a experiência de cada um é o básico para entender o funcionamento estratégico das ações propostas. Avaliar a satisfação dos clientes é indispensável para todos os passos seguintes, pois de que adiantará você realizar o seu projeto de forma estruturada, seguindo todas as etapas, se ele não atender às necessidades e expectativas do seu público-alvo?

Muito bem, no meu caso, eu só tinha o item 1. Ou seja, apenas o projeto macro, sem nenhuma avaliação do antes e durante, quanto mais do depois. Dessa forma seria impossível estabelecer qualquer tipo de comparativo de resultados sem nenhuma metodologia de mensuração, enfim, eu havia me empolgado e pulado etapas essenciais para estabilização e consolidação do meu projeto.

Porém eu não tinha outra alternativa, precisava preparar alguma coisa para a reunião com o diretor, então coloquei praticamente a minha monografia e a minha ideia de projeto ideal em quarenta e cinco *slides*. Hoje, ministro palestras de sessenta minutos com, no máximo, vinte *slides*, apenas para se ter uma noção de que o conteúdo não está no número de páginas, e sim no próprio conteúdo e qualidade das informações que serão apresentadas.

13
Palestra debutante – líder despreparado

Até hoje, com toda a certeza do mundo, foi a minha pior e mais difícil apresentação. Havia umas trinta pessoas no auditório da empresa, cargos variados, como supervisores, coordenadores, gerentes e um diretor, aquele que tinha vindo para conhecer todos os novos projetos. Seriam vários projetos apresentados, tanto por funcionários internos como por prestadores de serviços. Na ordem, eu seria o quinto a apresentar.

Cheguei bem cedo, junto com os primeiros que iriam falar; sempre gostei e acho importante viver o evento em sua plenitude, nos dá aquele sentimento de pertencimento.

As apresentações começaram pontualmente, e eu fui ficando ainda mais nervoso, pois todas eram de alto nível, com gráficos extremamente ricos em detalhes, *dashboards* bem elaborados, condução da sequência e ordem dos *slides* muito bem respeitadas, além de excelentes oratórias. Meio que sem saber como eu iria me sair, comecei a retirar alguns *slides* da minha pasta, aqueles que eu percebia que não iriam agregar em nada, pois todos os que me antecederam eram sucintos, claros e objetivos, com, no máximo, dez *slides* cada um, em uma apresentação que durava, quando muito, vinte minutos. O que eu iria fazer com mais de quarenta *slides*?

Minha hora estava chegando, o quarto apresentador estava posicionando o último *slide*, e então eu não sentia mais minhas pernas, era um nervosismo inexplicável, a boca estava seca, as mãos estavam geladas, as pernas tremiam, e, com todas essas sensações, ouvi a mediadora chamar meu nome.

Posso comparar minha caminhada até o palco com a caminhada daquele jogador que vai bater o último pênalti na final da Copa do Mundo, é algo que se vive poucas vezes. Terminei de arrumar meus *slides* e me posicionei meio que de costas para a plateia (nunca cometa esse erro), pois eu precisava ler os *slides*, já demonstrando que não dominava o conteúdo. Nas poucas vezes que eu conseguia olhar para o público, parecia que eu era míope, pois todos pareciam estar embaçados, era o estresse tomando conta de mim. Nesse momento dificílimo, só me lembro de uma voz *santa* gritar lá do fundo do salão:

– Não vai fazer Ginástica Laboral antes de começar, professor?

Deus sempre foi muito comigo! Parecia que aquele grito vinha dos céus. Todos riram, inclusive eu, e o diretor que estava com as pernas cruzadas, com os óculos na ponta do nariz e se mantinha assinando documentos que sua secretária executiva passava para ele, me olhou e disse:

– Por que não, professor? Estamos há mais de duas horas sentados, vamos "espreguiçar" um pouco.

Ouvindo aquele comando, todos começaram a se levantar e eu já me tornei muito mais confiante, pois agora eu estava em meu habitat natural. Dispensei o microfone e, entre um alongamento e outro, sempre vinha uma orientação e até umas piadinhas para descontrair. Foi um sucesso, todos participaram e se divertiram. Fiquei muito mais à vontade, o cenário estava novamente favorável.

Comecei então a apresentar desde o meu primeiro dia naquela empresa, com tudo que já havíamos realizado no setor do projeto piloto. Estava tudo caminhando muito bem, eu falava com mais segurança e a maioria dos presentes estava prestando atenção, porém o diretor continuava distraído assinando os documentos (pelo menos era o que eu achava). De repente, ele levantou os olhos por sobre as lentes dos óculos de leitura, direcionou o olhar ao *slide* que estava sendo projetado na parede e me perguntou:

– Por que os resultados foram tão baixos na terceira semana de projeto?

Caramba! Nem eu, que havia feito os *slides*, tinha percebido isso. Acho que por isso ele era o diretor, né? Aprendi que ninguém chega a cargos tão altos se não tiver competência, pois há muita coisa em jogo, muito dinheiro envolvido, muitas famílias que dependem do sucesso de todos os projetos. Lá em cima não há espaço para falhas, para o mais ou menos, a busca por excelência está em todos os lugares, projetos e, principalmente, no comportamento dos envolvidos.

Olhei para o gráfico, tentando encontrar alguma resposta, pois eu nem imaginava por que naquela semana, em específico, os índices haviam caído. Foi quando, mais uma vez, uma voz lá dos céus falou:

– Professor, essa semana aí teve feriado, e alguns tinham banco de horas e não estavam na empresa. Falou alguém do RH que estava sentado nas cadeiras laterais.

Fui salvo pelo gongo mais uma vez, mas, quando não se está preparado, mais cedo ou mais tarde a máscara cai e você é desmascarado, pois: *"quem não tem competência não se estabelece"*.

Não adianta ter carisma, cursos, diplomas e mais diplomas, se o profissional não tem a capacidade de colocar em prática tudo aquilo que aprendeu, e esse era exatamente o meu caso. Eu estava tão mal preparado que, mesmo com muita sorte e ajuda dos demais funcionários, consegui estragar tudo. Minha avó sempre me dizia: "quem fala demais, dá bom dia para o cavalo". Foi o que eu fiz. Se tivesse apenas agradecido à pessoa da plateia e seguido em frente, o diretor voltaria a assinar os documentos e eu passaria por mais aquela aprovação, mas não, minha boca e vontade de aparecer para o chefe eram maiores que isso, eu quis mostrar que estava no comando, quando, na verdade, não estava.

Sabe quando um colega de trabalho tem uma ótima ideia e compartilha com o outro colega? Mas, ao invés de incentivá-lo a seguir em frente, a pessoa tenta roubar a ideia? Bem, uma hora a verdade aparece. Foi aí que eu virei para o diretor e disse:

– Isso mesmo, foi feriado. E, como os funcionários emendaram, tinham "menas" pessoas nos setores.

Isso mesmo, eu falei "menas", no feminino. Pela expressão de horror que alguns rostos fizeram depois de ouvir aquela palavra, percebi que havia dito alguma besteira, e, pior, nem sabia qual era. Mas o diretor sabia, então me olhou novamente e disse:

– Então, professor, concordo com você que foi uma semana atípica, mas (respirou fundo, olhou para a secretária e continuou) a palavra *menos*, de acordo com a nossa gramática, não deve concordar com nenhuma palavra, então não deve sofrer variação. Com isso, "menas" é uma "palavra fantasma", assim, deve ter seu uso eliminado, pois, de acordo com a norma padrão, seu uso é inadequado. Independentemente da situação, sempre se deve usar *menos*, no masculino. Ok?

Depois desse supletivo de português em tempo recorde, eu perdi o chão sob meus pés, derrubei as transparências, fiquei mais do que vermelho, suava frio, estava completamente fora de controle.

Acho que ele percebeu o meu estado de pânico e me deu mais uma chance. Apenas me olhou e balançou a cabeça, como quem diz: "segue o jogo, perdeu o pênalti, mas ainda não soou o apito final". Tentei me recompor, mas confesso que não me lembro de quase nada do que aconteceu depois daquele fatídico "menas", exceto de ter complicado ainda mais minha situação. Sabe aquela máxima: "Tudo que está ruim pode piorar"?

Foi então que, quase no fim da apresentação, o diretor me olhou novamente e, tentando me jogar para cima novamente, disse:

– Professor, gostei do que eu vi, apenas melhore os gráficos e insira as bases das fórmulas para podermos discutir com mais detalhes esses tópicos.

Acho que eu nem absorvi o que ele havia orientado e já rebati:

– Pode ficar tranquilo, doutor (naquela época, os altos escalões eram chamados de doutor), irei montar tudo e anexar junto no relatório.

Ele me olhou pela última vez naquele dia e disse:

– Isso é um pleonasmo, se você irá anexar, já estará junto.

Eu poderia ter dormido sem essa, não poderia? Claro que não, eu merecia, precisava entender que só a minha boa didática para dar aula, só o meu carisma e entusiasmo não seriam suficientes. Quando tratamos de alta performance, precisamos buscar a excelência, ser o melhor, estudar, ler, escrever, nos comportar bem, falar bem, e tantas outras *hard* e *soft skills* necessárias, pois somos formadores de opiniões.

Mas a lição final ainda estava por vir... sim, ainda tinha mais. E foi a melhor de todas as lições daquele dia, considero até uma das mais importantes para a construção da minha carreira.

Lição aprendida

Eu estava sozinho no palco, cabisbaixo, segurando as lágrimas, quando alguns coordenadores e supervisores passaram por mim e me cumprimentaram, com frases do tipo:

– Valeu, professor!

– Até amanhã na aula!

– Parabéns pela apresentação!

Então não consegui mais conter o choro, pois, além do vexame que eu tinha passado, ainda teria que aguentar o pessoal tirando sarro. Mas um dos coordenadores que era mais próximo, pois sua esposa e filha eram alunas de dança na escola da minha irmã, percebendo minha frustração, se aproximou e disse:

– Parabéns, professor, seja bem-vindo ao nosso time!

Olhei para ele e desabafei:

– Como assim? Você viu o desastre que eu causei. Acho que não terei coragem nem de dar aula amanhã.

Então ele me olhou fundo nos olhos e disse:

– Você não entendeu nada, não é? – E continuou: – Preste atenção na dica mais importante que você recebeu hoje. Aquele homem te deu a maior das chances que um jovem com o seu talento poderia receber, pois ele te corrigiu em público, o que com certeza não foi tão legal, mas pode acreditar que ele só fez isso para você melhorar. E, conhecendo-o como conheço, sei que ele só faria isso com alguém que ele tivesse percebido que daria conta do recado. Ele viu muito mais potencial em você do que você mesmo vê.

E terminou me perguntando: – Quer um conselho?

Sem nem conseguir falar de tanta emoção, sinalizei que sim com a cabeça, e ele completou:

– Não desperdice essa chance. Estude mais, se prepare, entenda que o seu projeto precisa gerar resultados, e você precisa provar que esses resultados serão perenes, por isso, sem *mimimi* e foco no trabalho, pois você já provou que tem potencial. Basta agora assumir o controle e aparar as arestas.

Então me cumprimentou com um forte aperto de mão e saiu batendo de leve em minhas costas.

Todos saíram para o almoço, menos eu. Fiquei ali sozinho por mais de quarenta minutos, pensando em tudo, chorando mais um pouco, mas já respirando um pouco mais aliviado. Quando as equipes começaram a voltar para a segunda parte do evento, eu já tinha me recomposto e fiquei firme até o final. Conversei com todos, tirei dúvidas, agradeci a quem eu pude pela oportunidade, apenas não tive coragem de falar com o *Dr.*, mas esse mundo é pequeno, e sonho em um dia ter a oportunidade de ficar a sós com ele, relembrar aquele dia e, é claro, agradecer muito.

Segue o jogo

Essa lição mudou a minha vida. Consegui o contrato, que atualmente é o mais antigo de todos os meus clientes, pois se mantém ativo até hoje, e ainda com vários sonhos e novos possíveis projetos a serem realizados, pois construímos um elo, um vínculo de parceria e respeito tão forte que muitos acham que eu sou funcionário da empresa, mas não, ainda sigo como prestador de serviço terceirizado.

Daquele dia em diante, agradeço a todas as pessoas que me criticam, que chamam a minha atenção, que me corrigem quando ainda deslizo em meus erros de português. Tanto isso é verdade que dentro da minha equipe temos um ritual. Logo após o encerramento de qualquer evento ou palestra, nós ficamos por um tempo juntos discutindo sobre alguma frase ou palavra em que eu tenha me equivocado, ou algum gesto ou movimento de expressão corporal inadequado que eu possa ter utilizado. Faz muito bem realizar esse exercício no calor do evento, naquele mesmo ambiente, até mesmo repetindo ou simulando os gestos, pois, quando deixamos para fazer isso no dia seguinte, aparecem as dúvidas se eu falei mesmo ou não, em qual contexto foi usada determinada expressão, enfim, quando se perde o *timing* certo, pode-se perder a valiosa chance de melhorar a performance, seja ela técnica ou comportamental.

Os líderes modernos precisam entender essa importância, devem colocar em seus vastos currículos todo arcabouço do conteúdo acadêmico, à mercê da "Arte da Comunicação". Sim, arte. Não estou me referindo apenas ao ato de falar bem em público, quero ir muito além disso, quero que as pessoas sejam compreendidas, que se façam compreender, que seja de fato uma via de mão dupla entre locutor, interlocutor e receptor, todas as esferas da comunicação assertiva. Podemos começar fazendo perguntas como: vocês entenderam? Estão compreendendo o que estou tentando explicar? Desejam que eu repita? Está claro para todos? E se as respostas forem sempre sim, faça a mais poderosa das provocações, peça para o grupo ou a pessoa que está te ouvindo repetir com suas próprias palavras o que acabou de ouvir e entender.

Tenho acompanhado várias situações em que o orador pergunta se todos estão acompanhando o raciocínio, se estão entendendo os objetivos que ele está propondo. Todos os ouvintes balançam a cabeça em sinal positivo, mas, quando esse líder deixa o ambiente, a troca de olhares se inicia, e todos, meio que constrangidos, ficam à espera de que alguém assuma que não entendeu nada. Mas por que ninguém se manifesta? Porque, no fundo, a imensa maioria dos presentes não estava atenta ou não teria repertório para acompanhar aquela linha de raciocínio cheia de siglas e termos em inglês, mas ninguém teve coragem de levantar a mão e dizer que não estava entendendo. Parece ser proibido levantar a mão e dizer que não está entendendo, parece um crime não saber o que aquelas sopas de letrinhas querem dizer, ou as nomenclaturas absorvidas de outros idiomas, tão comuns no mundo corporativo.

Muitas empresas adotam campanhas de segurança todos os dias pelo mundo, existem diversas propostas interessantíssimas, bem elaboradas, com identidade visual atraente. Mas uma das mais simples e diretas que conheço é: *na dúvida, não faça.*

Ou seja, comunique-se, converse com seus pares, peça ajuda aos líderes. Mas isso acontece na prática? Sim e não. Infelizmente, não em sua maioria. E por quê?

Porque, quando o *não* é predominante para essa pergunta, quer dizer que estamos tratando de empresas empiristas, em que a voz dos colaboradores é pouco ouvida, vivem naquela máxima: *manda quem pode, obedece quem tem juízo.*

Em contrapartida, as empresas que têm a resposta *sim* estão a caminho da efetividade, do senso de dono, têm líderes que atuam pela autoridade e responsabilidade, que compreenderam a importância do cuidado mútuo, do suporte que precisa ser dado a todos, independentemente do grau de instrução ou nível hierárquico. Nesse modelo, a porta estará sempre aberta para todos, e o diálogo aberto acontece em tempo integral. Porém, com toda certeza, essa opção é muito mais trabalhosa, exige muito mais esforços, com níveis de atenção a tudo e a todos, estado de alerta máximo sempre.

Todas as empresas espalhadas pelo mundo necessitam de profissionais empreendedores, que buscam o crescimento e o desenvolvimento contínuo, daqueles que se alimentam das novidades, descartam as vaidades e menosprezam o desânimo.

Porém, não é nada fácil se manter nesse gás o tempo todo. Acabei de conhecer um empreendedor português, Miguel Gonçalves, que, em uma de suas palestras, apresentou um *insight* ótimo quando disse: "A palavra Empreendedor termina com DOR", ou seja, vai doer, sim, acordar um pouco mais cedo ou dormir um pouco mais tarde para finalizar aquela apresentação; vai doer, sim, sair do trabalho e correr direto para a faculdade ou curso técnico; vai doer, sim, perder os sábados de folga dentro de uma aula de inglês, espanhol ou mandarim; vai doer muito mais ficar longe da família em datas especiais em virtude da sua escala de turno, enfim, para esse desenvolvimento profissional que estamos relatando resumidamente aqui, vai doer, sim, ter todo esse esforço, por isso: *Os fortes resistirão, os perseverantes se manterão, e os mais habilidosos vencerão.*

14
Mais uma mudança em vista – líder camaleão

Confesso que me assustava mais a cada degrau que eu subia nesse mundo corporativo, pois nem tudo era tão claro para mim. Parecia existirem dois mundos distintos no mesmo meio.

Um lado era muito mais individualista, em que as pessoas se digladiavam em prol apenas dos seus interesses próprios, absolutamente focadas nos seus interesses pessoais. Mesmo que essas pessoas vivessem nas casas cedidas pela empresa, bem próximas umas das outras, com vários recursos também ofertados por ela, usufruindo de momentos comemorativos juntos, ou seja, mesmo vivendo tão próximas, estavam sempre na contramão, distantes umas das outras.

Contudo, havia um outro lado, no qual as pessoas estavam separadas fisicamente em muitos setores, diversas áreas, células com gestões completamente diferentes, separadas muitas vezes por quilômetros de distância, porém mesmo assim respeitavam as regras, os procedimentos, os valores da organização e ainda prezavam pelos bons relacionamentos, pelo bem comum, compartilhando acertos e erros, sempre em busca do crescimento do todo.

E eu, mais uma vez, fui um privilegiado, pois essa primeira grande empresa na qual iniciei era totalmente fora da curva. Ela tinha pessoas de vários níveis, vindas de várias cidades e culturas distintas, mas com um senso comum da busca pela excelência muito aflorado. Tinham seus perrengues, mas, como os valores eram comuns, tudo se encaixava rapidamente.

Era inevitável comparar tudo aquilo à minha experiência familiar, pois fui educado e orientado pelo meu líder maior, meu pai, sempre a aplicar esse tipo de gestão, sem dono e ao mesmo tempo com todos sendo donos, fomentando a independência para que todos possam decidir e vislumbrando a interdependência para que um cuidasse do outro em todas as situações. Basta lembrarmos do episódio da venda do balde de sorvete de morango, em que, mesmo perante aquele grande erro que eu havia cometido, não fui taxado como culpado, pois escolhemos agir, primeiro identificando o erro rapidamente e, mais rápido ainda, nos esforçamos para encontrar uma solução, mesmo que não tivesse sido a mais eficaz, era o melhor que poderíamos fazer naquele momento e naquelas condições. Lembrou do Mário Sérgio Cortella agora? Pois é, eu também sou fã de suas frases.

Acredito que tenha sido por isso que me apaixonei imediatamente pelo mundo corporativo, pois tudo o que meu *Líder nato* tentou aplicar dentro da nossa empresa familiar, e até dentro da nossa casa, estava ali, diante dos meus olhos, eu estava tendo um *déjà-vu*, pois tudo o que meu pai pregava em nossas vidas, e eu não havia percebido com clareza na época, estava acontecendo novamente, acredito que tenha sido pela minha pouca idade, mas naquela nova oportunidade soou como um relógio de engrenagens lubrificadas, batendo ritmado e pontual. Claro que existem muitas ações que promovem isso, como todas as inúmeras reuniões de planejamento e diretrizes, todos os treinamentos e integrações, todas as planilhas e *checklists* preenchidos diariamente e, principalmente, as análises de resultados que direcionam os próximos passos. Mas, além de tudo isso, havia um algo a mais, o verdadeiro motivo de as coisas acontecerem de forma tão ajustada, e estou me referindo novamente a um tal de *compromisso* que, para mim, é a verdadeira disciplina, o encontro de ambições, a luta pelo sucesso, mas sem desfocar dos objetivos comuns, e, quando falo comuns, falo das pessoas envolvidas no processo, falo do dia a dia, falo em ser feliz no caminho, e não apenas no destino final.

Lembro-me do meu espanto e perplexidade quando descobri que os funcionários não tinham cartão de ponto, eles apenas preenchiam uma planilha caso suas horas fossem excedidas no final do mês, ou seja, confiança máxima.

Tudo aquilo estava diante de mim, e eu queria fazer parte, queria viver daquela maneira. Entrei de corpo e alma, me vi tanto naqueles líderes que queria ficar o máximo de tempo possível ao lado deles, para aprender, entender e fazer como eles, ou também aprender como não fazer, pois sempre existem exemplos que não devemos seguir. Eu seria injusto se quisesse agradecer a apenas alguns líderes extraordinários que passaram em minha vida, pois todos sem exceção foram e são muitos importantes.

Entendi rápido que não haveria *escola* melhor do que aquela, onde a teoria e a prática aconteciam simultaneamente, unindo estudiosos e braçais, altos salários e assalariados, experientes e novatos, arrogantes e humildes, fortes e fracos, extrovertidos e tímidos, líderes e liderados. Essa é a verdadeira diversidade corporativa, equipes heterogêneas que se completam, porém essa diversidade também pode gerar estresse. Lembra-se de que quando tudo está quieto demais pode não ser um bom sinal? Pois bem, poderemos chamar esse estresse de FRICÇÃO. Você se recorda dos quatro *"éfes" de Hunter*? Fingimento – Fricção – Formação – Funcionamento. Pois bem, para mim, o segundo *éfe, a fricção*, é o mais importante. Não se acomode com os bons resultados, mas também não desanime com os piores, seja inquieto sempre, todos os dias são novos, a cada novo amanhecer é uma nova chance de fazer a diferença, é por isso que a vida é tão bela, pois nada é para sempre, temos uma chance a cada minuto, uma escolha a cada segundo, uma decisão a cada milésimo e, o mais legal, esse ciclo se repete e se renova sempre e, de acordo com suas decisões, podem gerar ótimos resultados.

Por isso, nunca cansarei de me considerar um privilegiado, pois comecei a aprender tudo isso muito cedo dentro da minha casa, depois nos clubes de futebol, no bloco de carnaval, nas escolas e cursos, nas empresas e, agora, novamente o ciclo se renova para a minha nova profissão e eu trago essa renovação para dentro da minha família, ou seja, uma constante reciclagem. E essa é a diferença de ciclo e círculo vicioso ou virtuoso. Se chamarmos de ciclo, estaremos falando de períodos específicos, por serem de tempos em tempos, determinados por um período da vida, como ciclo menstrual. Já no círculo, sabemos onde tudo começou, qual as ferramentas usar, quais habilidades devemos desenvolver e caminhos que devemos seguir e praticamente de forma orgânica, natural, voltamos ao ponto inicial, onde tudo começa, ou melhor, onde tudo vale a pena. É uma retroalimentação, precisamos voltar ao início para carregar as baterias, nos energizar.

Veja como ficou o meu "Círculo Virtuoso":

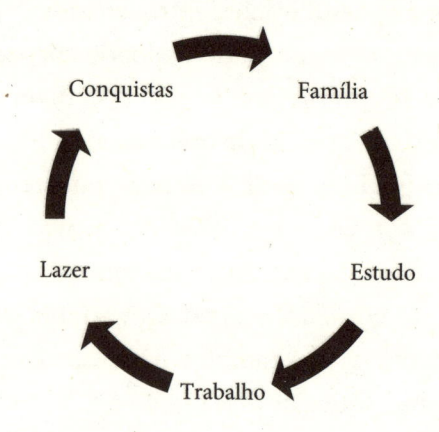

Conquistas → Família → Estudo → Trabalho → Lazer → Conquistas

Confesso que tento incansavelmente trazer tudo o que vivi e vivo nas grandes empresas para dentro da minha própria empresa, para as minhas palestras e cursos, assim como para dentro da minha família, pois, para mim, não são apenas regras ou estratégias, são *VALORES INEGOCIÁVEIS*.

Transição para o mundo novo

Nesse período de transição para o mundo das grandes empresas, eu estava trabalhando mais de doze horas por dia, participando de todas as reuniões em que a porta estava aberta, perambulando por todas as partes da empresa, copiando trejeitos, frases de efeito, me tornei uma esponja, absorvendo tudo o que podia. Experimentei e gostei do sabor da informação, de estar sempre atualizado, antenado em tudo. Mesmo antes da chegada da internet, as grandes empresas estavam sempre à frente, buscando sempre novas alternativas para produzir e gerar mais conhecimento entre seus colaboradores.

O mais incrível de tudo isso é que, quanto mais eu trabalhava, mais eu queria trabalhar. Não me sentia cansado, pelo contrário, me cansava quando não estava fazendo nada, era algo fascinante e viciante, pois a cada reunião um novo aprendizado era adquirido, em cada convivência com algum líder um novo modelo de gestão era observado, em cada novo projeto uma nova estratégia era desenhada.

Com toda essa empolgação, evoluí muito rápido, tanto dentro dessa grande empresa quanto dentro da minha própria empresa, pois eu aplicava quase que em tempo real tudo o que eu via e aprendia de bom lá dentro. Algumas vezes até ouvi dos meus funcionários:

– Não dá para você nos comparar com eles, nós somos pequenos e eles são gigantes.

Mas eu nunca vi dessa forma, sempre acreditei que, com algumas adaptações, boas práticas e muita vontade, poderemos replicar excelentes metodologias em todos os lugares e segmentos, independentemente do tamanho da empresa.

Proposta indecente

Após minha segunda ampliação de escopo e renovação automática do contrato, tudo estava indo muito bem. Minha academia estava com as contas equilibradas, meus projetos sociais completamente lotados, minha função de diretor de esporte bem aceita pela sociedade do clube e minha carreira como professor Waldorf de vento em popa. Eu não disse que trabalhava mais de doze horas por dia? Mas sempre com tanto prazer, que nunca chamei de trabalho. Porém, quando tudo está tão bem, você já sabe, algo de melhor ainda irá acontecer. Não é?

Sim, foi o que aconteceu. Um médico corporativo foi contratado pela empresa – e eu devo muito a ele. A função dele era percorrer todas as unidades observando o que cada uma fazia de bom em relação à saúde do trabalhador e replicar de forma corporativa, ou seja, manter um padrão de serviços e qualidade em todas as demais unidades. Na época, a empresa estava em três municípios do estado de São Paulo, mas em pontos extremos, todas distantes umas das outras.

Ao final dessas visitas fui convocado a participar de uma reunião gerencial corporativa, daquelas para discutir planos de expansão e estratégias de crescimento. Minha primeira reunião desse porte aconteceu numa fábrica que ficava a quase 400 km da minha cidade, e eu nunca havia pisado naquela região, muito menos numa fábrica tão grande e moderna. Nem preciso dizer o quanto eu já estava deslumbrado com o mundo que eu vivia na empresa em uma unidade menor e com atividades menos complexas, imagine quando pisei naquele lugar? Senti uma energia inexplicável.

Pois bem, além de todos esses bons sentimentos, o melhor ainda estava por vir. Diversos temas foram abordados naquela reunião, e eu já estava grato só pelos aprendizados e experiências absorvidos até aquele momento, mas, para encerrar a reunião, a equipe médica corporativa dirigiu os olhares em minha direção e o médico corporativo começou:

– Não trouxemos o caipira aqui só para passear.

Ele sempre foi muito despojado e descontraído.

– Trouxemos o Prof. Angelo Otavio aqui para lhe parabenizar pelo empenho e dedicação nos trabalhos realizados em nossa Unidade Florestal.

Eu não sabia se chorava ou gargalhava, mas ainda tinha mais:

– Gostaríamos de convidá-lo a replicar seu projeto em todas as outras plantas da empresa e se tornar um fornecedor corporativo.

Confesso que nem sei se mais alguém ou se ele mesmo falou alguma outra coisa depois desse convite. Parecia que o mundo havia parado naquele instante, e eu estava vendo um filme passar em minha mente, mas não era um filme melancólico, do tipo que eu tinha sofrido para chegar até ali, pois nunca sofri para chegar até ali, sempre adorei viver cada etapa da minha vida. O filme que passou era futurista, com uma gama de tantas novas possibilidades, que nem deixei as propostas serem apresentadas e já interrompi dizendo:

– Com certeza eu quero.

Tudo certo, então. Se eles estavam me convidando e eu estava aceitando, agora era só começar os trabalhos!

Mas então o doutor sacramentou:

– Temos uma única exigência, você precisará se mudar para cá, pois queremos você à frente das ações aqui na fábrica, as operações aqui são mais complexas e temos muito mais funcionários aqui do que na sua cidade. Além disso, nós também moramos aqui e, dessa forma, facilitará o nosso convívio. O que acha? É possível?

Fiquei meio desnorteado por alguns segundos, não apenas pela mudança de cidade, pois estava acostumado a ser meio nômade por causa do futebol, mas sem saber como eu faria com todas as outras atividades que eu exercia naquele momento. Era novembro do ano 2000, e eles determinaram que já em janeiro de 2001 eu assumiria esse grandioso projeto, ou seja, eu teria menos de dois meses para organizar tudo em minha cidade, e também organizar tudo em minha nova cidade, organizar tudo em meus trabalhos, organizar tudo em minha vida, resumindo, seria uma loucura total. O lado bom é que nós líderes chamamos essas loucuras de desafios e gostamos muito de desafios.

Voltei para casa sem ao menos ligar o som do carro, era tanta adrenalina e pensamentos acelerados que rodei quase 400 km sem parar nem para ir ao banheiro. Entrei em casa já depois das duas da manhã, meu pai acordou, como sempre, e me perguntou:

– E aí, o que eles te ofereceram?

Como assim? Nem eu sabia o motivo da reunião, e ele estava me perguntando sobre a proposta deles? Como ele poderia saber disso?

Ele era, e sempre será, o melhor de todos, o mais perspicaz, o mais atento e inteligente de todos com quem eu já trabalhei. Após ver o meu espanto com a sua pergunta, ele completou:

– Eles não iriam te chamar para tão longe apenas para um passeio na fábrica. Eles querem você lá, não é?

– E agora, o que eu faço? – perguntei com voz de choro.

– Agora? Vamos dormir, descansar e sonhar um pouco. Amanhã voltaremos à realidade e às possibilidades – concluiu o mestre.

Nem preciso dizer que não preguei os olhos, era tanta dopamina misturada com serotonina que o sol brilhou mais cedo naquela manhã.

15
Divisor de águas – afirmação como líder

LOGO PELA MANHÃ CONVERSEI POR LONGAS DUAS HORAS COM meu mentor, e ele me ouviu sem nenhuma interrupção. Essa é outra grande virtude dos *Líderes excelentes*, sabem ouvir com extrema atenção – recentemente finalizei um mestrado em Portugal e um dos professores me questionou perguntando: "quem seria a pessoa mais interessante do mundo?". Fiquei sem resposta, e ele mesmo respondeu: "a pessoa mais interessante do mundo é aquela que se interessa pelo que estás a falar". Gratidão enorme ao professor Reinaldo Souza Santos, autor do livro *Felicidade no Trabalho* e meu amigo.

Depois de me ouvir atentamente, começou a se posicionar – um líder não fica em cima do muro, se posiciona de forma rápida, pois tem clareza dos seus valores. E assim ele começou:

– Pelo jeito, não há nenhuma dúvida em sua decisão. É o que você deseja mesmo, não é?

Apenas sinalizei com o nosso olhar de sempre.

– Agora, você vai precisar encontrar substitutos para todos os seus empregos, projetos, negócios e compromissos. Só terá o meu apoio se não deixar ninguém na mão – completou.

Acho que essas frases ficaram bem gravadas em mim pois, mesmo após tanto tempo, quando algum funcionário me liga numa sexta-feira à tarde dizendo que não vai mais continuar conosco porque arrumou algo melhor, tenho vontade de nunca mais contratar ninguém, mas, alguns minutos depois, me lembro das palavras do meu pai e percebo que todos são livres para fazer suas escolhas e devemos sempre respeitá-las, mas nunca numa sexta-feira e ainda por telefone. Isso dói. Dói muito para um empresário, para um empreendedor e principalmente para um líder toda essa falta de comprometimento que estamos presenciando cada vez mais frequentemente. Mudar é possível sempre, desde que se cumpra com todos os antigos combinados. O ditado popular que diz: *"o que é combinado não sai caro"* faz todo sentido nas relações de trabalho, seu significado é simples e ao mesmo tempo amplo. Significa que o que está previamente acordado será cumprido.

Recordo-me de que naquele mesmo dia saí correndo à procura de substitutos, precisava de alguns para conseguir reestruturar toda a demanda que eu tinha. Foram nesses dias que percebi o quanto eu estava envolvido com todos aqueles trabalhos, pois, para suprir os meus horários e me substituir em todos os meus compromissos, precisei contratar três professores e mais um coordenador, na verdade, um irmão, pois precisava de alguém de extrema confiança. Fui buscar numa cidade vizinha um amigo que havia conquistado na época da bola, aquele que passou por momentos difíceis ao meu lado, e agora eu poderia dividir momentos de grandes expectativas, mas também de trabalho árduo, pela frente.

Pois bem, equipe contratada, todos os projetos atendidos, mas ainda tinha algo importante para resolver: como eu faria com a minha academia? Precisava vendê-la ou arrendá-la, e então me vi novamente como quando precisávamos parar com a doceria e mudar para a loja de fotografia. Mas, para a minha sorte, meu *Líder* estava ao meu lado, me chamou novamente e disse:

– Você já fez tudo certo com os empregos da escola, da diretoria de esporte, e com os projetos sociais, mas não se desligue da Academia, pois ela é o seu primeiro filho, foi com ela que você ingressou nesse meio da saúde, e, como já vimos essa história antes, é sempre bom ter uma retaguarda, um porto seguro, e nunca depender de uma única galinha para fornecer seus ovos, lembra-se?

Foi mais um dos sábios conselhos que recebi daquele *super líder*. Seguindo esse conselho estruturei ainda mais a gestão da academia e continuei mesmo que a distância à frente desse negócio, que até hoje é a minha retaguarda.

Ritmo acelerado

Mais dois anos se passaram com velocidade assustadora, e eu já estava muito bem adaptado àquele ritmo frenético de uma cidade bem maior. Todos os projetos iam muito bem, mas ainda faltava alguma coisa, algumas pessoas à minha volta me achavam ambicioso demais, pois meu crescimento foi meteórico e, para muitos, já era o bastante. Porém eu via que a exposição do meu trabalho nas fábricas daquele grande grupo poderia me projetar ainda para novos trabalhos, mesmo que sem grandes remunerações, mas com grandes novas oportunidades de *network*.

E foi então que comecei a ministrar cursos nas áreas de ginástica laboral, ergonomia e gestão de academia em congressos brasileiros. E aí eu descobri a cereja do bolo, que, na verdade, não era mais um trabalho, ou um novo projeto, mas a chance de compartilhar minhas experiências com aquelas pessoas que estavam começando. Parecia a fonte da juventude, eu trabalhava a semana inteira, muitas horas por dia, e, aos finais de semana, viajava para os congressos. Provavelmente na segunda eu estaria "morto"... Que nada! Era exatamente o oposto. Eu voltava radiante, energizado, às vezes louco para estudar, porque algum aluno havia me desafiado em algum conceito e eu não estava satisfeito com minhas respostas. Era muito compensador sentir a possibilidade de ajudar com minhas experiências.

A cada novo curso era uma nova experiência, eu voltava cada vez mais confiante por me expor na frente de estranhos, e essa confiança começou a repercutir em minhas atitudes dentro das empresas, meus clientes começaram a me chamar para abrir reuniões importantes ou, ao menos, interromper reuniões chatas e altamente técnicas com meus conceitos práticos e dinâmicos, recheados de interação com a plateia. Em algumas reuniões eu percebia que, quando eu entrava na sala, as equipes mais operacionais, às vezes chamadas de "chão de fábrica", se agitavam e me olhavam, com a esperança de que aquele momento fosse menos monótono.

O sucesso nas reuniões me levou a ser convidado por vários gerentes e coordenadores para abrir eventos muito importantes, como SIPAT – Semana Interna de Prevenção de Acidentes de Trabalho –, Semana da Saúde, datas comemorativas, enfim, me tornei sinônimo de quebra-gelo, sempre trazendo novidades, com muito entusiasmo.

A cada novo evento, mais oportunidades e convites inusitados eu recebia, pois em todos os programas "chatos" com um viés mais teórico lá estava eu para quebrar a rotina.

– Venha acordar o povo – dizia um grande gestor que me chamava para todos os treinamentos das suas equipes de trabalho.

Foi dessa forma mais do que natural que, mais uma vez, estava eu migrando para mais uma nova jornada empreendedora, agora como Palestrante Motivacional.

Recentemente, participei de um congresso em Portugal onde tive a honra de ministrar quatro palestras sobre *Alta Performance e Mudança de Mindset*, em que acabei interagindo com muitos palestrantes internacionais, e um deles, um português, abriu sua palestra me elogiando pelo meu entusiasmo e didática interativa, mas também relatou que percebeu muitos anos de experiências práticas em meu discurso. Com certeza ele fez uma leitura muito clara e objetiva a meu respeito, pois sou um reflexo das minhas experiências, e com uma essência motivacional muito presente; mas hoje em dia, mais do que nunca, reflito e falo com todas as letras que apenas motivação e experiência não são suficientes. O estudo precisa ser o carro-chefe, precisa ser sempre colocado em evidência, para não cometer erros ou falhas que poderiam ser evitados, como várias que eu já cometi e até já relatei aqui anteriormente.

Novos direcionamentos na carreira

Dessa forma, para me desenvolver como palestrante e instrutor de treinamentos *in company*, eu precisaria mais uma vez fazer escolhas e, independentemente de quais fossem elas, teria de dizer não para outras, me reestruturar, reorganizar, encontrar mais tempo para novos estudos, mais pessoas para atuarem comigo. Isso é o que eu chamo de *Demanda Produtiva do Sucesso*, pois o meu sucesso ainda geraria mais possibilidades para quem estivesse à minha volta, assim como para quem quisesse entrar e surfar nessas ondas.

E desta vez estava diferente, pois essas mudanças não estavam sendo necessárias para sair de uma crise, ou dificuldade financeira, estavam acontecendo em virtude de um bom desempenho, de ótimas oportunidades geradas pelo principal elo dessa corrente: a *confiança*. Eu tenho consciência de que já cheguei a ser contratado por alguns gestores mesmo não possuindo todas as qualidades técnicas das quais eles precisavam, mas eles tinham total confiança de que eu me doaria ao máximo para que tudo desse certo.

Início como *coach*

Hoje em dia, existem muitos cursos de oratória, formação de *coaches* e palestrantes, profissionais que desenvolvem *slides* e vídeos personalizados para palestras, outros que cuidam da imagem e redes sociais desses profissionais. Mas, no início da década de 2000, não era nem muito fácil citar o nome de um *coach* brasileiro que fazia sucesso, ou até mesmo palestrantes diferentes dos convencionais consultores técnicos.

E, como há muito tempo eu já havia sido picado pela injeção motivacional das novidades, a "InMoNo", aprendi com o mestre em Ergonomia Dr. Hudson Couto a trabalhar com siglas e acrônimos que hoje fazem parte das minhas palestras e material didático, pois ajudam na memorização e chamam a atenção para o que se deseja divulgar com mais destaque.

Era a minha quarta reestruturação em menos de vinte anos de carreira, algo muito difícil de acontecer, pois, para mim, os ciclos de maturação empresarial duram, em média, sete anos, e eu obtive esse número de tanto observar alguns ciclos. Meu primeiro emprego como professor foi nas escolas Waldorf, na qual se divide a educação das crianças em *setênios*. Meu primeiro emprego nas grandes empresas foi no setor florestal com manejo de eucalipto, árvores que mantêm um ciclo de corte de sete em sete anos. Os negócios do meu *Líder supremo*, meu pai, duraram, em média, os mesmos sete anos, ou seja, ciclos se repetindo, em períodos determinados.

Mas eu estava um tanto mais rápido, praticamente virando em ciclos de cinco anos. Será que irei pagar algum preço? Ou a velocidade das mudanças aumentou mesmo?

Acredito que a velocidade aumentou sim, e tende a aumentar ainda mais a cada nova descoberta tecnológica. Estamos vivendo novas eras, de um mundo muito mais acelerado, conectado, com muito mais recursos tecnológicos à disposição de todos, saindo da *era da informação* e adentrando a *era da internet das coisas*.

O que, mais uma vez, separa os profissionais em duas categorias: *Camaleões x Dinossauros*. Nem precisarei explicar em detalhes cada perfil, mas, rapidamente, posso adiantar que a diferença entre eles é gritante.

O *Dinossauro* é grande, forte, tem poder, mas, ao mesmo tempo, é lento, pesado, teimoso. Usa frases dos outros como se fossem suas, mas não as aplica. Constrói rapidamente uma carteira de clientes e, mais rápido ainda, os transforma num álbum de ex-clientes. É altamente centralizador, não divide informações, mesmo dentro da sua própria empresa, não confia em ninguém, às vezes nem mesmo nos números que ele mesmo pesquisou ou solicitou à sua equipe. Por fim, a palavra mudança só existe para os outros, pois ele acha que não precisa mudar.

Do outro lado está o *Camaleão*, absolutamente apto às mudanças, a começar pela sua própria, e, como efeito cascata, contagia todos à sua volta a mudarem também. Não consegue se segurar por muito tempo fazendo as mesmas coisas, ou, pelo menos, faz as mesmas coisas de um jeito diferente, coloca regras que estimulam as inovações, pratica o ganha-ganha em tempo integral, quer visitar seus concorrentes para saber de tudo o que está acontecendo em seu nicho de negócio. Quando alguém sussurra uma novidade, ele se sente ultrapassado e corre rapidamente atrás do prejuízo, pedindo ideias novas para suas equipes, que, aliás, são formadas por pessoas agitadas, questionadoras, proativas, desafiadoras e, principalmente, que sabem mais do que ele. Sim, ele se recusa a contratar pessoas que não tenham algo diferente, algo novo, que não tenham mais a contribuir. São equipes multidisciplinares e muito diversas.

Permita-me perguntar em qual desses perfis você mais se enquadra? *Dinossauro* ou *Camaleão*?

Alvin Toffler, escritor e futurista norte-americano, escreveu em sua obra "A Terceira Onda", do inglês *The Third Wave*, de 1980:

> "Os analfabetos do próximo século não são aqueles que não sabem ler ou escrever, mas aqueles que se recusam a aprender, reaprender e voltar a aprender."
>
> *Alvin Toffler*

Foi seguindo pessoas e conceitos como o de Toffler que, mais do que depressa, reestruturei nossa empresa e carreira, e, dentre todas as mudanças realizadas, a principal delas foi me cercar de profissionais competentes e qualificados, todos com muito desejo de se desenvolver e crescer como profissional e pessoa.

Eu tinha uma dificuldade gigantesca de me enquadrar em alguma das novas nomenclaturas desse novo mercado, pois alguns me chamavam de *coach*, outros de consultor, outros ainda de mentor, e ainda havia aqueles que me mantinham como professor, nomenclatura de que eu mais gosto e com a qual mais me identifico, confesso, não sei se pelas minhas origens como professor Waldorf ou se pela infinita amplitude que essa profissão oferece no quesito colaboração.

Digo isso pois certa vez fui questionado da seguinte forma por um cliente que ainda não me conhecia:

– Em quais dessas nomenclaturas você se enquadra? Você é um *coach*, consultor, mentor, professor ou o quê?

Esperei alguns segundos, pois não queria causar uma imagem prepotente ou arrogante logo de cara, mas então respondi:

– Eu me considero todos em um, pois para ser qualquer um deles, para mim, é necessário antes ser um bom professor, e essa é a minha formação e escolha de atuação. Eu quero trabalhar com mudança de comportamento, e para se mudar qualquer coisa é necessário conhecer os caminhos e suas consequências. Acredito que nós, professores, teremos mais facilidades de ensinar. E, além dos estudos teóricos, dividimos principalmente nossas experiências, e, quando falo de experiências, não me refiro apenas ao tempo de serviço, mas sim ao contato com pessoas, desde uma criança que está sendo alfabetizada, a um operário que está aprendendo as regras básicas, ou até mesmo a um CEO que precisa de esclarecimentos didáticos e comportamentais para estimular suas equipes e times.

Este é o meu novo manifesto: *"estudar incansavelmente, trabalhar com muito prazer, buscar a excelência e entregar tudo sempre com muito AMOR".*

Quero sempre continuar estudando, me firmar como um excelente orador, atuar mais como pesquisador para compreender melhor os anseios da humanidade e, principalmente, estar cada vez mais preparado para atuar como um formador de opiniões, um influenciador do bem, sempre atento às particularidades de cada situação e muito perspicaz às possibilidades das novas mudanças desse mundo tão acelerado; quem sabe, desacelerar seja a próxima mudança.

Desejo trocar experiências com tantos outros que ainda virão, sempre buscando o autoconhecimento e o desenvolvimento como profissional e pessoa.

Quem sabe, eu poderia resumir em apenas querer ser um *Líder por AMOR.*

16
Profissional do futuro – líder moderno

Alguns estudiosos futuristas cogitam a possibilidade de que o Profissional do Futuro tenha, no mínimo, cinco profissões ao longo de sua carreira, devido à velocidade com que as inovações tecnológicas atingem algumas cadeias de trabalho e, consequentemente, várias profissões.

Eu não consigo me assustar tanto com isso, pois, antes de completar meus 45 anos, já havia passado pela minha quinta transição de carreira. Posso me questionar sobre isso, perguntando: "Será que eu acelerei o processo de mudança da minha carreira?".

Confesso que apenas hoje, ao estudar esse assunto, é que consigo me questionar sobre alguns estágios que eu possa ter pulado no decorrer da minha vida profissional, pois tudo aconteceu sempre de maneira tão rápida e intensa, que eu nunca pensei que teria outra forma de fazer.

Sempre encarei como ciclos renováveis de mudanças. Quando analisamos as revoluções industriais – que aconteceram devido a uma mudança tecnológica ou comportamental, em que a necessidade da mudança se fez, e ainda se faz, necessária para a sobrevivência das cadeias produtivas –, acredito que a diferença entre esta que iniciamos em 2016 e as demais é que a velocidade da mudança será algo talvez difícil de acompanhar. Segundo Klaus Schwab, em sua obra *A quarta revolução industrial*, isso ocorre em virtude de três pilares:

- *Velocidade*: uma vez que o mundo está mais conectado, os meios de difusão de novas tecnologias são muito mais eficazes.
- *Alcance:* assim como a velocidade com que surgem novas tecnologias, seu alcance é muito mais abrangente.
- *Impacto em sistemas:* a Quarta Revolução Industrial afeta diretamente nossos sistemas políticos e econômicos.

Muita coisa pode não mais existir daqui a alguns anos. Isso não é nenhuma novidade, afinal alguém se lembra da última vez que revelou uma fotografia em papel? Ou ficou muito estressado porque se esqueceu de devolver as fitas VHS na videolocadora?

É, muita coisa acabou em virtude da criação de novas tecnologias. Mas o que está amedrontando as pessoas desta vez é que as mudanças agora podem acontecer em meses, e não mais em anos. Segundo a Lei de Moore (publicada na *Electronics Magazine* em um artigo de 19 de abril de 1965), de Gordon Earle Moore, a cada dezoito meses algo que parecia muito inovador poderá parecer obsoleto.

Trazendo isso para as minhas experiências, posso garantir que os ciclos estão, sim, se repetindo, porém numa velocidade assustadora. Meu pai demorou praticamente toda a sua vida profissional, aproximadamente quarenta anos, para migrar quatro vezes de profissão. No meu caso, com apenas vinte anos de carreira, ou seja, metade da dele, já estou na minha quinta atualização de profissão.

Como será a carreira do meu filho, que irá ingressar no mercado de trabalho daqui a, no mínimo, dez anos?

Que conselho eu poderia dar a ele sobre o seu futuro profissional?

Uma coisa eu sei, dificilmente ele poderá responder como eu respondia quando tinha a idade dele, pois, naquela época, quando alguém me perguntava o que eu queria ser quando crescesse, a minha resposta era a mais clara e objetiva possível: "Eu quero ser igual ao meu pai".

Para ser um líder moderno, já não basta mais ter talento e habilidades técnicas, o futuro exigirá um esforço grandioso em relação às nossas fraquezas e dificuldades, será necessário nos tornarmos mais versáteis e com uma capacidade de mudança incomparavelmente mais rápida. Nos tornaremos ainda mais focados e atentos às necessidades dos outros, com um novo olhar mais empático e solidário, pois compreender essas necessidades será a nossa grande estratégia.

Você pode agora me perguntar: "alguém poderá sair na frente? Ser mais uma vez pioneiro?".

Eu posso agora te responder: "claro que sim!" Todos aqueles que entenderem a força da palavra AMOR.

– *Mas o que o amor tem a ver com isso?*

Tem tudo a ver! Bem resumidamente, AMOR é o cuidado que temos com alguém. Claro que não é qualquer cuidado, é o ponto mais forte dessa palavra, que no nosso dicionário se classifica como adjetivo, interjeição e substantivo masculino, e sua definição de *cuidado* é:

- ☐ ***Demonstração de atenção***; em que há cautela, prudência: cuidado ao atravessar esta rua.
- ☐ ***Aplicação e capricho ao realizar algo; zelo, esmero***: trabalhava com cuidado.
- ☐ ***Atenção maior em relação à preocupação***: ela necessita de cuidados.

☐ *Dever de arcar com seus próprios comportamentos ou com as ações de outrem; responsabilidade*: cuidado com a saúde e com a vida.

Cuidado + Responsabilidade = Amor

O *Líder do futuro* conviverá com máquinas mais inteligentes do que nós, *seres humanos*, mas ainda existirão pessoas para liderar, com mudanças acontecendo o tempo todo e em todos os segmentos, ou seja, se hoje já é difícil convencer algumas pessoas de que é necessário se atualizar e mudar, imagine se essas pessoas não conseguirem acompanhar a velocidade dessas novas tendências. Teremos mais *responsabilidade* para administrar as mudanças e mais *cuidado* para liderar as pessoas.

Por isso, afirmo com muita propriedade que ainda não encontrei nenhum procedimento, regra ou orientações técnicas que fossem mais objetivos do que o AMOR, e estou me referindo ao amor incondicional, o *amor ÁGAPE*, aquele que nos foi ensinado por Deus, que traz a base desse cuidado e responsabilidade que precisamos ter com o próximo.

O *Amor Ágape* deve ser o HD, a central de memórias, a nuvem que retém as informações mais antigas e mais recentes, é a base de dados orientados por valores em que todo ser humano deveria ter sido educado desde o início.

A obra *Os quatro amores*, título da tradução para o português da obra de não ficção de C. S. Lewis, *The four loves* (Irlanda, 1960 – Editora Harvest Books), explora a natureza do amor na perspectiva cristã.

Amor fraternal – Storge: é o afeto com a família, especialmente entre os membros da família ou pessoas que se encontraram nesse círculo social. É descrito como a mais natural, emotiva e difundida forma de amor.

Amor na amizade – Philia: é uma forte ligação entre pessoas que compartilham um interesse ou uma vida comum, é a amizade entre amigos, amigas, companheiros e companheiras.

Amor romântico – Eros: é o amor no sentido mais íntimo. Muitas vezes associado à sexualidade e suas vertentes, com seus pecados e prazeres. Lewis identifica o *Eros* como indiferente. Isso é bom porque promove a apreciação do amado com todo o prazer que puder ser obtido dele.

Amor incondicional – Ágape: é um amor considerado divino e incondicional. Sinônimo de fé.

Depois de ler e refletir sobre tudo isso, e, é claro, incorporar as minhas experiências, faço mais um questionamento:

– *É possível unir todos os tipos de AMORES?*

Altruísmo

Acredito que seja impossível unir os quatro amores ao mesmo tempo e em apenas um sentimento, em contrapartida, penso que vivê-los em sua essência trará o amadurecimento necessário para compreendê-los, podendo uni-los em determinadas situações e momentos, a fim de fortalecer ainda mais os relacionamentos.

Eu ainda poderia citar como ação de comportamento interior, que promove o fortalecimento dessas filosofias de vida, a força interna do *Altruísmo*, que é um tipo de comportamento encontrado não só em *seres humanos*, mas também em outros *seres vivos*, em que as ações voluntárias de um indivíduo beneficiam outros. É sinônimo de Filantropia. No sentido comum do termo, é, muitas vezes, percebido como sinônimo de solidariedade.

A palavra "Altruísmo" foi criada em 1831 pelo filósofo francês Auguste Comte e caracteriza o conjunto das disposições humanas (individuais e coletivas) que inclinam os seres humanos a dedicarem-se aos outros.

Uma pergunta que sempre me fazem quando estou discutindo ou proferindo uma palestra sobre esse tema é: *por que eu defendo o Amor Philia para o ambiente de trabalho?*

Deixarei aqui mais uma humilde vivência pessoal dessa minha curta carreira percorrendo empresas pelo Brasil e em alguns outros países. Faça a seguinte reflexão: *passamos mais tempo com nossos colegas de trabalho ou com a nossa família? Sentamo-nos mais à mesa ao lado dos nossos colegas de trabalho ou dos nossos familiares? Discutimos mais sobre os nossos erros e pontos de melhorias com nossas famílias ou com colegas de trabalho? Com quem participamos de festas e happy hours? Enfim, foi uma fácil percepção. Não foi?*

Depois que se vive o chão das empresas é que se tem a verdadeira noção sobre isso, pois a convivência é tamanha, que os colegas de trabalho passam a ser irmãos.

Irmãos no trabalho

No final da década de 1990, uma equipe de colheita mecanizada chegou em minha cidade. Fui chamado para dar um suporte geral a esses trabalhadores, pois como iriam passar um ciclo de colheita lá, queriam alguém local para orientá-los em relação aos melhores restaurantes, assistência médica, hotéis, academias, momentos de lazer, enfim, ambientá-los àquela situação provisória, mas que não era tão confortável para eles, pois ficar longe da família em uma cidade diferente, numa região distante e com outros costumes não é tão simples assim.

Logo percebi que os grupos estavam definidos, eram muito unidos, para não dizer fechados. Eu comecei a acompanhá-los em diversas ações, desde exames periódicos, festinhas do aniversariante do mês, até emergências mais sérias, como a de um acidente de trabalho, por exemplo. É claro que isso me aproximou daqueles antes desconhecidos, porém o que me chamava mais a atenção e, confesso, me incomodava um pouco era a forma como eles me recebiam. Quando eu chegava ao ponto para esperar o ônibus do primeiro turno era por volta das cinco horas da manhã, e no mês de julho, na minha região, as temperaturas chegavam facilmente perto do zero grau, então imagine a animação das pessoas que estavam ali temporariamente, tentando se adaptar àquela mudança brusca, pois todos vinham de uma das regiões mais quentes do estado de São Paulo. Literalmente, o clima não era bom. Ficava cada um no seu canto, todos meio que encolhidos, tentando encontrar um lugar para fugir do vento e, às vezes, da garoa fina, mas o que me chamava a atenção era a maneira como eles se cumprimentavam e a maneira como me cumprimentavam.

Entre eles era mais ou menos assim:

– E aí irmão, bom dia! – seguido de um abraço ou aperto de mão forte.

Porém comigo era:

– Dia, professor! – seguido de um acenar com a cabeça ou apenas com o olhar.

Não sei se aquilo me incomodava, ou eu apenas achava bonita a cumplicidade entre eles, me provocando ciúmes. Os meses foram passando, as amizades foram se formando e eu, incansavelmente, dava conta de todos os horários, passando pelos mesmos perrengues que eles, até que, aos poucos, o cumprimento foi melhorando. Comecei a receber um:

– Bom dia, irmãozinho!

Seguido de um aperto de mão mais forte do que antes, é verdade que ainda muito diferente do deles, mas já era uma melhora significativa em nosso relacionamento. Continuei fazendo o melhor que podia, acho até que ingênuo demais em alguns momentos, mas eu era apenas um jovem buscando o meu espaço.

O tempo passou muito rápido e, sem nos darmos conta, havia chegado a hora de voltarem para sua região, pois finalizaram a colheita naquelas fazendas em tempo recorde (a saudade faz coisas incríveis). Foi então que sugeri uma festa de despedida, pois ficamos ali envolvidos naquela operação por praticamente um ano e eu achava importante encerrarmos aquele ciclo. Todos riram da minha ideia, fiquei meio constrangido, mas enfrentei a galera e perguntei:

– Por que as piadinhas? Vocês já organizaram tudo? Não precisam mais da minha ajuda?

Nesse momento, o pessoal começou a trocar dinheiro, como em uma casa de apostas, um apontava para o outro e ria, e eu ali, sem entender nada. Até que um dos mais desinibidos disse no meio da roda:

– Nós fizemos algumas apostas com o seu nome, professor, estava em oito para um que você não aguentaria um mês no nosso ritmo de trabalho.

Caramba! Eles não tinham botado fé em mim. Entre uma piadinha e outra, eles foram me contando que alguns haviam apostado alto que eu iria desistir na primeira semana, por isso, tentavam me intimidar, me tratavam com certo descaso, só para que eu desistisse. Mas o tempo foi passando, eu fui conquistando o respeito deles e, à medida que o trabalho ia evoluindo, alguns ainda dobraram os valores, mas eu havia quebrado a banca, como um bom azarão.

Após entender as piadas e as brincadeiras, voltei a perguntar:

– Mas e a festa? Não vamos fazer nada mesmo?

Foi aí que tive uma das maiores surpresas da minha vida. O técnico de segurança daquela equipe, um dos mais importantes que passaram em minha carreira, um profissional de poucas brincadeiras e muito sério, dedicado ao extremo e apaixonado pela profissão, me olhou e, com todos já em silêncio, disse:

– Não vai precisar de festa, professor, pois queremos que você siga conosco para a nossa região, agora você faz parte da família, irmão.

Nem nos meus sonhos mais entusiasmados e otimistas eu pensaria que uma proposta de emprego seria tão empolgante. Era algo surreal para mim. De um favor que me haviam pedido, eu me tornaria um influenciador de pessoas, de momentos, de humores e, por que não, de amores, pois até filhos nasceram depois daqueles nove meses de colheita, mas essa é uma outra história... (risos).

Por essa curta lembrança, posso dizer que meu início foi duro, difícil, mas muito mais feliz e com excelentes aprendizados. Foram essas experiências que me fizeram, hoje, um palestrante feliz e com sede de crescimento nas veias. Entendo que podemos, sim, ajudar as pessoas, mesmo que indiretamente.

Por isso, acredito na força dos quatro amores, mas no ambiente de trabalho defendo o Amor Philia, pois é formado e conquistado por amigos, por pessoas que se unem em torno de um propósito comum, aqueles que defendem os mesmos valores. Chamamos isso de ponto de congruência, sabe quando nos identificamos rapidamente com alguém? Então, é porque os valores são os mesmos, os objetivos e metas são os mesmos, as ideias são as mesmas. Queremos estar próximos de pessoas que nos ajudem a chegar lá, não queremos proximidade com aqueles ou aquelas que nos afastam dos nossos sonhos.

"Amor no trabalho: união selada quando os mesmos valores são inegociáveis e defendidos por ambas as partes."

Angelo Otavio

Os sinais do amor

Quando comecei a ministrar palestras em empresas, percebi a falta que o AMOR faz nos ambientes de trabalho, pois grande parte das pessoas não está feliz ali, geralmente porque não está exercendo sua profissão, independentemente do motivo. As pessoas precisam do emprego, pagar as contas é uma necessidade de primeira instância. Assim, surgem frases duras do tipo:

– *É o que tem pra hoje.*
– *Melhor com ele do que sem ele.*
– *Tô mandando currículo por aí.*
– *Quando pintar algo melhor, caio fora.*

Esse é um dos motivos pelos quais temos tanta dificuldade em montar equipes comprometidas, pois, na verdade, os colaboradores não querem estar ali, quanto mais fazer parte dessa equipe.

Passei por vários conflitos no início da minha carreira, pois meu modelo de empresa era a minha família, na qual tudo era dividido, compartilhado e multiplicado, tanto os bons quanto os maus momentos, pois nossos ideais e propósitos eram únicos: "Viver bem juntos!"

Com alguns bons anos de estrada, subindo e descendo dos palcos de muitas empresas espalhadas por esse nosso imenso país, convivi e interagi com muitos perfis diferentes de *Líderes*, os quais se moldam a diversos modelos de gestão, sempre focados em bater suas metas e alcançar os resultados que, consequentemente, vão garantir suas remunerações e premiações.

Claro que isso faz parte do jogo e, sim, serve como estímulo. O problema é quando esse é o único estímulo, quando as pessoas começam a passar por cima de seus princípios e valores para alcançar seus interesses financeiros.

É nesse estágio que precisamos entender o que são valores de meio e o que são valores de fim. Valores de meio são aqueles que atendem às nossas necessidades básicas e valores de fim são aqueles que alimentam o nosso status. Por exemplo: há pessoas que colocam o dinheiro como valor de fim, dessa forma, elas viverão sempre em busca de conquistar cada vez mais dinheiro. Já quem coloca o dinheiro como valor de meio entende que ele é só um meio para sanar as necessidades e então buscará os valores de fim, como liberdade, qualidade de vida, paz, felicidade e AMOR.

A escolha não pode ser apenas comercial, é necessário levar em conta todos os porquês, pois as respostas, com certeza, todos nós já temos. Simon Sinek (autor britânico-americano, palestrante motivacional e consultor organizacional), autor da obra *Start with why* (*Comece pelo porquê* – na tradução para o português), em 2009 iniciou um movimento que ficou conhecido como o Círculo Dourado, no qual, para qualquer dúvida, devemos fazer três perguntas: "O quê?", "Como?" e "Por quê?", porém repeti-las nos dois sentidos: primeiro de fora para dentro e segundo de dentro para fora.

Imagine que o entrevistador para uma vaga de emprego perguntou ao candidato de fora para dentro:

– ***"O que"*** *você procura vindo trabalhar aqui?*

A resposta foi rápida:

– *Procuro um bom emprego.*

– *Mas **"como"** você se manterá aqui?*

Mais uma resposta rápida:

– *Seguindo as regras, horários e normas. Enfim, fazendo tudo o que mandarem.*

– *E **"por que"** você quer trabalhar aqui?*

Sem titubear, a resposta foi:

– *Porque preciso pagar minhas contas.*

A minha pergunta para você, leitor, é: existe esse tipo de profissional nas empresas? Ele existe na sua empresa? No seu setor? Senta-se ao seu lado?

Com toda a convicção, infelizmente existem muitos funcionários espalhados pelo mundo que pensam dessa forma. Pensam sempre que estão se sacrificando para pagar as contas. Será que estão felizes? Que amam seus empregos?

Como irão se adaptar a esse mundo conectado, focado na excelência na busca de sustentabilidade, creditações, certificações, ISOS e, principalmente, credibilidade de seus bens, produtos e serviços, assim como da sua imagem? Apenas bater metas ou dar lucro não é mais suficiente, e, para esse algo a mais, é preciso ter profissionais muito mais preparados, conscientes e dispostos a mudarem em direção dos bons relacionamentos, pois a união de forças e somatória de habilidades levarão suas equipes à superação desses desafios.

Por isso, as perguntas deverão ser feitas no sentido oposto, de dentro para fora:

– *"Por que"* você quer trabalhar conosco?

A resposta do profissional moderno:

– *Para conquistar minha realização profissional e colocar em prática tudo o que eu aprendi até esse momento e ainda irei aprender aqui dentro.*

– *"Como"* você quer fazer isso?

Esse profissional performático responderia:

– *Com certeza a empresa me dará condições e eu trarei meu conhecimento, expertise e muita dedicação.*

– Mas *"o que"* você busca vindo trabalhar aqui?

A melhor das respostas:

– *Eu busco conquistar meu espaço, me firmar através dos meus resultados e subir os degraus necessários para uma carreira de sucesso nessa empresa.*

Além de mudar a ordem das perguntas, mudou o sentido das respostas. Onde existe um propósito, as metas e os objetivos são muito bem direcionados e nenhum dos envolvidos renunciará a seus valores.

Esses propósitos são trabalhados inicialmente dentro das famílias. Pense em todas as vezes que um pai entrou em casa depois de um dia cansativo de trabalho... Quais foram as primeiras frases que ele disse? Foram frases do tipo:

– *Eu não aguento mais isso.*
– *Meu chefe é um carrasco.*
– *Se eu pudesse, nunca mais voltaria lá.*

Se uma criança for criada sob esse modelo de estrutura familiar, com esse exemplo de relação entre o pai e o seu trabalho, será que ela terá motivação para procurar emprego quando crescer?

Por isso os nossos exemplos são tão fortes. Eu nunca vi meu pai reclamar de nenhum trabalho, mesmo aqueles que não davam tão certo. As frases que eu mais ouvia eram:

– *Não conseguimos finalizar hoje, mas amanhã com certeza entregaremos tudo.*
– *O pessoal não chegou no horário, mas depois conseguimos recuperar.*
– *Até eu estava meio desanimado com esse frio, mas, depois que o corpo esquenta, ninguém segura.*

A palavra tem muito poder. Quando se falam coisas negativas ou desmotivadoras, as reações acompanham a mesma tendência. Mas, se sempre olharmos para os pontos positivos, a recíproca também será verdadeira. A máxima deve ser: *pense bem que falará melhor, fale melhor que agirá com excelência.*

Amor nas empresas

Acredito tanto na força do AMOR que dificilmente vou mudar o rumo da minha carreira novamente, pois já faz mais de dez anos que atuo como Palestrante Motivacional e Treinador de Líderes. Um recorde perto da média de cinco a sete anos dos meus primeiros ciclos.

E tudo isso vem acontecendo de maneira muito natural, consigo defender minha tese da importância do amor em qualquer ambiente de trabalho, mesmo naqueles ambientes frios ou inquietos de algumas empresas. Muitas empresas já entenderam que o amor no trabalho não é tão romântico, mas, ainda assim, pode gerar grandes resultados, pois tem muito mais a ver com empatia, respeito, humildade, companheirismo, altruísmo e propósito.

No entanto, para conseguir bons resultados, precisamos sempre de ótimas análises de perfil, equipes multidisciplinares e continuidade das ações. Isso precisa fazer parte da cultura da empresa. E, para tanto, a mudança de hábitos e a inclusão de novos comportamentos são peças-chaves.

- *Hábito:* substantivo masculino – ação que se repete com frequência e regularidade; mania.
- *Comportamento:* substantivo masculino – modo de se comportar, de proceder, de agir diante de algo ou alguém. Conjunto das atitudes específicas de alguém diante de uma situação, tendo em conta seu ambiente, sociedade, sentimentos etc.

Posso dizer que os *hábitos* estão diretamente ligados às suas ações individuais e o *comportamento* é a sua ação diante de uma situação, portanto, quanto mais fortalecermos os *hábitos*, melhores serão os *comportamentos* em equipe, família e sociedade.

Quando comecei a acreditar nessa teoria com mais firmeza, meus horizontes se expandiram de uma maneira jamais imaginada antes por mim, a ponto de eu ser convidado a palestrar sobre assuntos totalmente fora das minhas origens, como: Direção Defensiva, Cuidados com Agrotóxicos, Cinco S, Seis Sigmas, Comportamento Seguro, Qualidade Total, Meio Ambiente, Inovações, Reeducação Financeira, Alta Performance, Vendas, Comunicação Eficaz, enfim, são muitos assuntos diferentes, mas que precisam sempre da mesma base, o bom relacionamento. Por isso, levar o AMOR para dentro das empresas é a minha *missão*.

Foi assim que escrevi a minha primeira palestra para falar de amor, a qual deu origem a inúmeros excelentes trabalhos, inclusive este livro.

Muitas empresas, quando estamos em negociação, alinhando o *briefing*, habitualmente esperam que eu apresente uma regra, uma fórmula mágica, a qual na expectativa delas será facilmente aceita e implantada após a palestra, porém sabemos que nem sempre isso ocorrerá, pois estamos falando de mudanças comportamentais e na maioria das vezes as pessoas não querem mudar, porque estão muito adaptadas a um estilo de vida e um padrão mental reativo que insiste em mantê-las naquela famosa zona de conforto.

Assim, resolvi alinhar melhor as expectativas, entregando uma forma mais direta e clara da importância do amor nas empresas e, é claro, na vida das pessoas. O *Líder por amor* é baseado num acrônimo que posso até sugerir serem regras de ouro do amor corporativo – vamos a elas:

Atenção
Motivação
Organização
Responsabilidade

O **A** do nosso AMOR é **ATENÇÃO**, pois, se não houver atenção a tudo o que acontece à nossa volta, com certeza surgirão imensas dificuldades para interpretar os sinais, os ruídos, as reclamações e os pontos-cegos. Sim, é preciso ficar mais do que atento, estar ligado em tudo, conectado com o profissional e o pessoal, pois um interfere no outro a cada novo episódio. Quando o líder ignora isso, passa a se esconder em crenças limitantes que não permitem o desenvolvimento das pessoas à sua volta e muito menos a sua própria evolução.

ATENÇÃO VERDADEIRA é o mesmo que ALTRUÍSMO EFICAZ

Esta é uma filosofia de vida e um movimento social que aplica evidências e a razão para determinar as formas mais eficazes de beneficiar os outros.

Encoraja as pessoas a considerarem todas as causas e ações e a atuarem de maneira que traga o maior impacto positivo, com base nos seus VALORES.

Quando escutamos o outro, entendemos seus anseios e, assim, poderemos ajudá-lo.

Tenho plena convicção de tudo isso, mas nem sempre foi assim, e o episódio que me fez compreender essa força da atenção e do altruísmo não foi muito prazeroso de se viver.

Em 2017, eu estava no ápice com as palestras de segurança do trabalho, principalmente em SIPAT. Naquele ano fiz o dobro de palestras do que eu estava acostumado a fazer, havia estreado um novo tema com base no livro de Stephen Covey, o *best seller* "Os Sete Hábitos das Pessoas Altamente Eficazes". Fiz uma adaptação para as ferramentas e procedimentos de segurança, intitulei a palestra de "Os Sete Hábitos da Segurança" e a aceitação foi incrível, cheguei a fazer mais de 150 palestras nesse ano. A repercussão foi tão grande que acabei sendo contratado por uma empresa portuguesa para participar de um congresso em Lisboa e Porto logo em janeiro do ano seguinte. Estava em êxtase, era a chance de mudar de patamar, me tornar um palestrante internacional, o que abriria ainda mais portas e com certeza elevaria os meus ganhos significativamente.

Desembarquei no aeroporto internacional de Lisboa no dia 20 de janeiro de 2018, fazia muito frio e fui recebido pelo meu contratante e hoje um grande amigo de uma forma muito acolhedora, já me cumprimentou dizendo:

– Fez boa viagem, professor? Que bom que deu tudo certo, estamos muito felizes e ansiosos pela sua apresentação.

Aquilo já me fez tão bem que me senti em casa. Logo em seguida, quando ainda estávamos descendo as escadas rolantes do aeroporto, ele tocou no meu ombro e disse:

– Olha só, professor, aqui o público é um tanto diferente do que lá no Brasil.

E quando ele iria continuar a explicação eu o interrompi tocando-o como se segura de leve alguém e disse:

– Pode ficar tranquilo, fiz quase duzentas palestras só no ano passado, deixa comigo.

Ele, muito educado, não deu continuidade à explicação.

Pouco tempo depois paramos próximo à Torre de Belém para tomar uma meia de leite o os famosos *Pasteizinhos de Belém* e, quando eu me preparei para pedir a conta, ele me segurou e tentou novamente, dizendo:

– Professor, aqui em Portugal o pessoal é bem mais quieto do que no Brasil.

Mais uma vez eu não o deixei continuar, respondendo: deixa comigo, pode confiar, fiz mais de 150 palestras só no ano passado. Ele mais uma vez meio constrangido ficou quieto e seguimos para o local do evento.

Chegamos bem mais cedo como sempre e enquanto ele recepcionava os convidados eu simplesmente resolvi descansar um pouco no camarim e fiquei lá sozinho aguardando a minha hora de entrar em ação.

Era um auditório lindo na Freguesia da Junta de Benfica, tudo muito antigo, mas impecavelmente conservado. Quando eu estava prestes a subir ao palco, ele tentou me alertar pela última vez:

– Professor, por aqui ninguém interrompe o palestrante durante sua oratória, eles só irão perguntar ao final.

Mais uma vez, olhei pra ele e disse:

– Deixa com o brazuca, tô acostumado. Só no ano passado fiz...

Trinta minutos de palestra e mesmo com aquele rigoroso frio do inverno europeu, eu suava como se estivesse numa sauna, pois eu já havia entregado todo o meu repertório de interação, faltava virar cambalhotas no palco, mas o público não se manifestava, era um silêncio absolutamente intimidador, os rostos não expressavam nenhum sentimento, e para um palestrante isso é terrível, pois não sabemos se está tudo bem, se estão gostando ou ao menos acompanhando a linha de raciocínio. Nesse momento olhei para o meu contratante que estava ao lado do palco e pude ver em seus olhos a mensagem: eu tentei te avisar.

Foi aí, num súbito momento de interação, que as coisas mudaram, eu acabara de mostrar alguns *slides* com os nossos negócios aqui no Brasil, como fotos da estrutura da nossa empresa, do nosso prédio comercial em Ribeirão Preto (SP), fotos das aulas de ginástica laboral que nossos professores realizam em fábricas espalhadas pelo país, com algumas fotos lindas dos trabalhadores rurais reunidos em grandes grupos fazendo exercícios e ao fundo aquele mar verde das plantações em que trabalhavam. Também mostrei fotos das minhas palestras, sempre com o auditório lotado. Certa vez, fiz uma palestra dentro do barracão de um dos meus clientes e o local era tão grande que, mesmo com mil e quinhentas pessoas na plateia, parecia que estava vazio. Enquanto eu ia mudando as fotos na tela, comecei a perceber um certo movimento no auditório, as pessoas começaram a reagir, ao menos havia despertado mais curiosidade.

Foi nesse momento que, bem no meio do salão, um jovem levantou a mão. Parecia que o mar havia se aberto bem na minha frente, imediatamente olhei para meu contratante como quem diz: eu falei que conseguiria.

Então o rapaz começou: *Ora pois, algo está errado. A maioria dos professores brasileiros que vem cá para Portugal trabalhar reclamam que é impossível viver bem com o salário de professor no Brasil e tu estas a mostrar uma vida profissional grandiosa. O que fizeste de diferente para conquistar esse sucesso?*

Meu amigo, minha amiga, nessa hora eu fiquei com dois metros de altura (tenho no máximo 1,68m), subi no salto mesmo, respirei fundo e com todo aquele orgulho respondi:

– Sabe o que foi, é que além de professor lá no Brasil, eu também faço um *bico* como consultor de ergonomia, faço também um *bico* como instrutor de ginástica laboral, faço *bico* como treinador de equipes e líderes de alta performance e ainda faço uns *bicos* de palestrante em SIPAT e convenções de vendas, faço também outros *bicos* em... mas eu não consegui contar todas as minhas facetas, pois enquanto eu elencava minhas atividades o auditório veio abaixo, as mulheres nitidamente envergonhadas abaixavam a cabeça ou colocavam as mãos sobre o rosto, os homens jogavam os braços e a cabeça para trás e riam como se estivessem num circo no ato do palhaço. Os risos eram tão eufóricos que eu não conseguia retomar o assunto. Olhei para o meu contratante e ele saiu correndo, rindo em direção ao camarim ao fundo do palco.

Confesso que dali pra frente me perdi inteiro, não sei nem como consegui finalizar a palestra, só me lembro de que, assim que acabei, não esperei ninguém se aproximar do palco, já saí correndo para o camarim, pois queria saber o que havia acontecido. Ao abrir a porta o meu contratante estava rindo até aquela hora, e imediatamente perguntei:

– O que aconteceu lá fora? O que eu falei de errado?

Ele me olhou enxugando as lágrimas de tanto rir e rebateu:

– Ora pois, tu não sabes o que quer dizer bico em Portugal?

E continuou vendo a minha cara de espanto:

– Bico em Portugal queres dizer sexo oral!

Simplesmente o meu chão sumiu, estava em queda livre, se houvesse um buraco para me esconder seria para lá que eu iria, fiquei completamente desorientado. Imagine, eu afirmei perante pessoas super instruídas e que não me conheciam que o motivo do meu sucesso aqui no Brasil se deve ao meu trabalho de professor e por eu completar renda fazendo bico... imagina o que passava pela cabeça delas.

Hoje, quando conto essa passagem em minhas palestras, o pessoal ri muito, inclusive eu, mas naquele dia eu era o único que não tinha motivos para rir, pois havia literalmente jogado minha chance pela janela. Fiquei muito mal mesmo, posso até perguntar agora: quais foram as lições que tirei dessa gafe portuguesa?

Se você está nesse momento pensando que o cara tentou me alertar, que eu o ignorei só porque havia feito um montão de palestras e estava me achando o melhor de todos os palestrantes, que a fama subiu à minha cabeça, que menosprezei os riscos, foi pior ainda, não estudei o público-alvo, muito menos as questões culturais daquele povo. Achei que, por ambos os países falarem a língua portuguesa, eram idênticas. Quanta arrogância e prepotência, ao desistir de ficar lá com os convidados para ficar sozinho descansando no camarim!

Se você pensou em algumas dessas, ou até mesmo outras que eu não mencionei, pode ficar orgulhoso ou orgulhosa, pois você acabou de compreender a importância da ATENÇÃO, de ouvir as pessoas, independentemente de quem seja, do seu grau de instrução, tarefa, cargo ou atividade, precisamos estar prontos para ouvir novos pontos de vista, novas ideias, novas experiências, novas culturas, enfim, ninguém sabe tudo e nunca saberá.

E essa virtude tem nome, chama-se: humildade. Jim Collins, autor da obra *Empresas Feitas para Vencer*, apresentou os cinco estágios do processo evolutivo de um líder moderno e de alta performance, e o estágio mais alto e mais difícil de se desenvolver é a incorporação da virtude da humildade. Pois será essa virtude que permitirá aos líderes e qualquer outra pessoa o dom de ser um bom ouvinte, prestar atenção no que o outro está falando, nos detalhes, nos gestos e expressões, percebendo a fundo que se a outra pessoa pediu sua atenção é porque você é alguém em quem ela confia e de fato precisa muito da sua ajuda.

Depois dessa minha experiência frustrante do outro lado do Atlântico, pode ter certeza de que calibrei muito mais meus ouvidos, me policio a todo momento para não ignorar algum *insight*, alguma informação que pareça até mesmo irrelevante, pois não existe informação irrelevante, pode existir o momento errado para algumas, mas, quando se está atento, até isso é entendido com mais facilidade.

Seguimos para o **M** do nosso AMOR, que só poderia ser **MOTIVAÇÃO**. Depois que definimos que sem atenção não há atitude e sem atitude não há mudanças, compreendemos que a motivação é o combustível que nos fará continuar a promover novas atitudes, por isso é tão importante encontrar pessoas que compartilhem dessas mesmas vontades, pois, quando nos unimos com pessoas diferentes, com outras *expertises*, mas com os mesmos interesses, com certeza ficamos mais fortes nesse propósito de mudanças positivas.

"A motivação vem de dentro", como sempre me fala o irmão que a vida me presenteou, o palestrante Edgard Routh. E, por vezes, ela não

vem de dentro de você, mas pode vir de dentro das pessoas que estão próximas a você, seja no trabalho, na família ou na comunidade, e isso é absolutamente inspirador, nos faz entender que precisamos estar próximos de pessoas que exijam o nosso melhor, aquelas que nos incomodam a sempre doar o que temos de mais precioso, que é a nossa disposição, a nossa energia de fazer sempre melhor.

Qual destas duas frases faz mais sentido para você?

"Os fins justificam os meios" – frase de Nicolau Maquiavel, filósofo, historiador, poeta, diplomata e músico de origem florentina do Renascimento, que faleceu em 21 de junho de 1527.

"Os meios usados para atingir os fins são tão importantes quanto os próprios fins" – frase de Immanuel Kant, filósofo prussiano, amplamente considerado como o principal filósofo da era moderna, que faleceu em 12 de fevereiro de 1804.

Sempre teremos no mínimo duas opções. Por isso, caso esteja na dúvida de qual dessas frases faz mais sentido para a sua vida, procure visitar seus princípios éticos e morais, pois eles nortearão você para as melhores escolhas.

Lembro quando falei de amor numa empresa pela primeira vez. Foi uma quebra de paradigmas, pois a maioria das empresas não fala sobre isso, dizendo que lugar de trabalho é para trabalhar, e não para amar. Bem, como já deu para perceber, eu discordo, pois, se você não amar o que faz, não fará bem-feito e nunca será feliz.

Um dia tomei coragem e, sem avisar o contratante, encerrei uma palestra falando de AMOR. Nessa ocasião, estava em uma empresa no estado do Rio de Janeiro, com um público 100% masculino, de trabalho pesado, braçal, alguns carrancudos e outros até meio brutos, mas encarei as testas franzidas e tentei plantar a semente do AMOR falando da importância da minha família, dos amigos, dos "nãos" que eu já havia recebido, aos quais eu sempre dedico minhas vitórias. Falei da importância da minha esposa, dos meus filhos, do quanto eu quero voltar sempre para casa, e finalizei agradecendo a oportunidade de trabalhar cercado de bons amigos que eu tanto AMO.

Ao final da palestra, alguns até se emocionaram, foi muito gratificante. E, para minha surpresa, as minhas palavras haviam tocado especialmente uma pessoa. Após a palestra, alguns sempre ficam para tirar uma foto, elogiar ou criticar alguma coisa, enfim, naquele dia, eu percebi que um senhor esperava em pé ao fundo da sala e, quando todos saíram, ele veio até mim, me abraçou e disse:

– Muito bom, professor, esse pessoal estava precisando ouvir isso.

– Nossa, eu que agradeço por ouvir esse *feedback* – respondi muito satisfeito.

E ele continuou a falar:

– Cheguei muito jovem nesta empresa e hoje sou o diretor-geral, sempre achei normal o fato de os colaboradores serem fechados, distantes, pois sempre justifiquei esse comportamento devido à intensidade do trabalho, ao barulho das máquinas, ao uso dos protetores auriculares que eles são obrigados a usar quase que em tempo integral, o que dificulta a comunicação, enfim, sempre achei normal esse ambiente introspectivo. Mas hoje, após tantos anos, ouvi muita coisa antiga, que meus pais me diziam, porém você trouxe com uma nova roupagem, com uma visão e aplicação muito modernas e, acima de tudo, necessárias. Confesso que ouvi tudo atentamente e mais uma vez estava tendo a oportunidade de aprender com alguém muito mais jovem do que eu, mas que me passou segurança e propriedade para falar desses sentimentos e, por isso, vim aqui lhe agradecer.

Após ouvir tudo aquilo, meu coração já não estava mais num ritmo normal, parecia que iria sair pela boca, mas, ao final da conversa, ele me surpreendeu dizendo:

– É possível você voltar à noite para realizar essa mesma palestra com o pessoal do terceiro turno?

– Claro, mas tem algum motivo especial? – respondi rapidamente. Novamente ele começou a explicar:

– Sim. É que estamos encerrando hoje uma atividade de muito risco, ficamos quase noventa dias realizando uma reforma nos fornos da linha três e o turno da noite trabalhou arduamente, pois escolhemos fazer esse trabalho à noite em virtude do calor, que é menos intenso nesse horário, mas, em contrapartida, as equipes são compostas por menos integrantes e eles precisaram se desdobrar para dar conta de tudo. Chegaram a virar algumas horas extras a mais que o normal, pegaram mais pesado ainda e, para complicar, as esposas começaram a ligar na ouvidoria reclamando que o marido estava ausente do lar e que chegava muito esgotado, estavam até preocupadas com a saúde deles. E, depois de te ouvir falar com tanta propriedade do AMOR, eu pensei que faria bem para eles te ouvirem também. Vou comprar uns brindes e ao final da palestra entregamos a eles. O que acha?

Claro que eu topei na hora! No horário marcado, eu estava de volta para a palestra no turno da noite. Como de costume, chego sempre pelo menos uma hora antes do combinado, pois gosto de sentir o clima, ouvir os comentários, as piadas, a famosa rádio peão, isso me deixa mais íntimo da realidade na qual irei interferir com meus conceitos. Alguns minutos depois de mim, chegou o diretor com mais dois funcionários trazendo os tais brindes, rapidamente me ofereci para ajudar, pois percebi que eram frágeis. Após organizá-los em uma mesa, consegui ver que eram botões de rosas. Lembra-se de que era uma empresa de trabalho pesado e, em sua vasta maioria, homens? Então, na minha cabeça, seria mais bem aceito se déssemos os bons e velhos chaveirinhos do que rosas... (risos), mas então ele fez a pergunta que eu não queria ouvir:

– Gostou, professor? São lindas, não são?

E eu, meio constrangido, disse:
– Será que eles vão gostar? – como quem diz: "uma caneta não faria mais sucesso?".

E aquele homem, muito mais sábio do que eu, novamente me ensinou explicando que a ideia era que os funcionários levassem aquelas rosas para suas esposas, pois naquele dia eles encerrariam a reforma e voltariam à sua rotina, e elas não precisariam mais ligar na ouvidoria para reclamar do cansaço ou ausência dos maridos.

Depois dessa lição estratégica de motivação, me comprometi que todos sairiam motivados da palestra e ainda chegariam em casa com muito amor no coração.

Ao final da palestra, coloquei uma música romântica de fundo, disse palavras de amor e orientei a todos dizendo:
– Rapaziada, quando chegarem em casa hoje e a sua esposa abrir a porta, não deixem ela falar nada, estiquem o braço e, com o botão de rosa na mão, digam para ela: "Pra você, meu AMOR".

Alguns riram, outros abaixaram a cabeça, mas um, em especial, aquele mais malandro, me olhou meio sarcástico e disse com um sotaque bem "carioquês":
– Sei não, hein, parceiro, acho que não vai rolar... (risos).

Mas eu insisti, falei para ele quebrar aquele paradigma, para abrir a mente e encher o coração de carinho, pedi a ele que explicasse que a reforma dos fornos havia terminado e que tudo voltaria ao normal. Parecia que eu tinha conseguido motivá-los, a maioria saiu rindo e comentando alguma coisa.

No outro dia voltei curioso para saber como tinham se saído e, logo na portaria, encontrei com aquele carioca da malemolência, "o malandrex", e, após eu perguntar como tinha sido com a entrega da rosa, ele abriu os braços meio esculachando e disse:
– Deu merda, deu merda, merda, merda... (risos).

– Como assim? Você não fez como combinamos? – perguntei.

E ele começou a explicar com aquele sotaque que só o carioca da gema tem:

– Pô, *teacher*, fiz igualzinho tu mandou, malandro, quando a dona-onça abriu a porta, estiquei o braço e mandei, *pá tu my love*!

Interrompi, perguntando aflito:

– E ela? Respondeu o quê?

O carioca torceu o nariz e finalizou:

– Professor, ela cruzou os braços, fechou a cara e retrucou: "aprontou o que, vagabundo?".

Agora eu te pergunto meu caro leitor, minha cara leitora: você acha que em dez anos de casamento ele havia levado rosas ou algum outro mimo para ela? Com certeza não, e é disso que estamos falando, estamos falando do verdadeiro motivo, pois motivação é entender o verdadeiro motivo pelo qual você toma uma decisão, seja a de levar rosas como presente, ou a de reagir com desconfiança, se não praticarmos as nossas crenças não há amor. Se você não conseguir ouvir as necessidades do outro, dificilmente terá motivação para dar o primeiro passo, pois sem motivação não há ação, assim como sem conseguir prestar atenção aos ruídos da vida, não conseguirá entender os verdadeiros motivos. Os motivos nos levam à ação, as atitudes geram movimento e estimulam as reações, boas ou nem tanto.

O **O** do nosso AMOR é **ORGANIZAÇÃO**. Costumo dizer que a letra O é a camisa dez do nosso amor, pois ela está no centro de tudo, no meio de campo, organizando os pensamentos, planejando cada processo, incorporando todas as novidades, refazendo as falhas. Para que as atitudes corretas geradas pela boa atenção e a motivação para vencer possam perdurar como hábitos nas nossas vidas e se transformar na base dos nossos comportamentos, precisamos de um ambiente organizado, onde, além das regras claras e bem definidas, deveremos seguir os procedimentos à risca e, para tanto, a organização das pessoas será de extrema importância, fazendo uma excelente gestão do tempo, organizando as pendências, planejando as próximas ações, delegando tarefas e, ainda, renegociando os *deadlines*, quando necessário.

Já explicamos a força do 5S, uma cultura oriental capaz de manter o ambiente limpo, arrumado, com todos os equipamentos e materiais identificados e organizados da maneira correta, sempre pensando em menos desperdício, e, quando falo desperdício, não estou falando apenas de desperdício de espaço ou dinheiro, estou me referindo à gestão de tempo. Mas o que a organização tem a ver com o nosso tempo? A resposta é: tudo!

Pense nessa sequência: se você demora para achar alguma peça ou material no seu trabalho porque tudo está fora do lugar, você ganhará ou perderá tempo? É obvio que perderá. Sendo assim, se tudo estiver em seu devido lugar, você achará tudo com mais agilidade e gastará menos tempo, assim, terá mais tempo para ajudar outras pessoas em outras atividades mais importantes, o que gerará credibilidade e consequentemente uma exposição benéfica da sua imagem como profissional de alta performance.

Organização gera tempo disponível para se fazer o que é mais importante ao invés do que é mais urgente. E fazer o que é mais importante significa debruçar em trabalho e atividades mais complexas, aquelas que quase ninguém quer assumir, porém, são essas as mesmas atividades que nos projetam para outros patamares, são com suas resoluções que os holofotes se viram em nossa direção e muitas novas oportunidades se abrem.

Chegamos à última letra e também indispensável para o sucesso do nosso amor. O **R** do nosso AMOR é **RESPONSABILIDADE**, pois, depois de estimular nosso radar para prestar mais *Atenção* nas pessoas, entender o verdadeiro motivo da nossa *Motivação* em realizar e a *Organização* das tarefas para ganharmos mais tempo, precisamos da *Responsabilidade* para assumir todos esses compromissos e, de fato, colocarmos em prática as atitudes que promovam essas mudanças. E não apenas no ambiente de trabalho, precisamos assumir nossas responsabilidades em nossas casas, escola, comunidade, igreja, enfim, onde estivermos, precisaremos assumir o controle e ser o protagonista da nossa vida.

Como viajo muito de avião em virtude do meu trabalho, passo muitas horas nos aeroportos e aprendi com essas horas a respeitar os níveis de responsabilidade. Imagine o setor de embarque de um aeroporto, mais especificamente o setor do raio X e detector de metais. Por muitas vezes presenciei passageiros inquietos, alguns até agressivos, reclamando que a máquina apitou e ele precisou voltar para a revista física apenas porque esqueceu uma moeda no bolso. Ou, ainda, aqueles mais abusados que tentam passar com uma tesourinha de unha na bolsa, mas os profissionais daquele setor são altamente capacitados, com horas e mais horas de treinamentos e acima de tudo, com o entendimento da importância do seu papel, que é cuidar da segurança de todos que irão embarcar, ou seja, eles são os responsáveis pelas vidas daquele voo. Assim, espero que consigamos visualizar a importância do nosso papel, independentemente do cargo, função ou conta bancária, quando desejamos o bem comum, nossas decisões serão sempre pautadas na lealdade e responsabilidade de nossos atos.

Por isso, entendo que o AMOR é a união dessas quatro palavras: Atenção para doar, Motivação para mudar, Organização para ganhar e Responsabilidade para conquistar, as quais poderão provocar muitas mudanças significativos nos hábitos, comportamentos e na vida de qualquer ser humano disposto a melhorar como profissional e, principalmente, como pessoa.

Pirâmide do Processo Evolutivo

TER — Crença do merecimento — EU MEREÇO
FAZER — Crença da capacidade — EU POSSO
SER — Crença de identidade e de valor próprio — EU SOU

Fonte: Febracis. Disponível em: https://febracis.com/onde-colocar-minha-confianca/

Em muitos momentos da nossa vida podemos desviar um pouco a rota do AMOR, pois a tentação pelo **TER** se torna facilmente uma prioridade, como: *ter* mais dinheiro, mais sucesso, mais fama, mais relacionamentos, mais tempo livre.

Porém, para ter, antes é preciso **FAZER**, e fazer o que é certo, buscando os recursos necessários, se planejando melhor, com organização, disciplina e determinação. É preciso fazer economias, estudar com mais afinco, trabalhar com alegria e conquistar boas amizades, pois todas as amizades serão novas conexões, novas possibilidades, novas redes de contato.

E, para fazer todas essas novas pontes, a base da pirâmide é o que você de fato é, ou seja, é o **SER** – ser honesto, ser pontual, ser proativo, ser corajoso, ser humilde, ser respeitador, ser educado e, ainda, ser paciente, pois muitas mudanças não acontecem do dia para a noite, é necessário cautela e muita calma para não pular etapas e não cair em tentações perigosas, como a arrogância e a prepotência. Ninguém é dono absoluto da verdade, por isso, trabalhe duro, se dedique ao máximo, seja persistente e nunca perca a esperança.

"Ser – Fazer – Ter" na prática

Certa vez, fui convidado por uma grande empresa do setor de logística para prestar uma consultoria sobre Segurança no Trabalho, mais especificamente sobre os atos inseguros que os motoristas de caminhão daquela empresa estavam cometendo, principalmente quando estavam sozinhos na estrada, sem supervisão, ou seja, quando ninguém estava olhando.

Com certeza essa história irá parecer familiar para muitos líderes, gestores e até pais e mães de família, os quais, enquanto estão olhando os filhos e/ou subordinados, todos obedecem, cumprindo as ordens e seguindo todas as regras, mas, quando os olhos dos superiores não estão à vista, as coisas fogem um pouco do controle.

A proposta era desenvolver um projeto de ações educativas e motivacionais para promover **INTERDEPENDÊNCIA**, ou seja, cada um ser o dono das suas atitudes seguras e ainda contribuir para que as atitudes seguras também contagiassem todos os demais motoristas. Seria promover uma mudança individual e depois coletiva, em que a primeira meta era conseguir que cada profissional (no caso, os motoristas) seguisse as regras e os procedimentos não apenas por seguir, ou para evitar punições, mas porque seria importante para sua segurança.

Sabe aquele motorista que só diminui a velocidade quando vê o radar, mas logo em seguida acelera novamente? Então, esse está longe da interdependência, nesse caso, ele representa o **REATIVO**, que é aquele que apenas reage a um ato falho, mas não se preocupa em fazer o certo, se preocupa apenas em bater as metas, mesmo que, para isso, seja preciso acelerar um pouco mais do que é permitido. Enquanto nada de errado ou mais sério acontece, ele se sente muito seguro em acelerar, ao falar ao celular enquanto dirige e tantas outras infrações. Porém, quando algo sai do controle, dificilmente ele assume a culpa, pois estava tão condicionado à rotina das infrações que já haviam se transformado em hábitos. Lembre-se: os hábitos podem nos levar a bons ou maus comportamentos.

Com esse cenário extremamente difícil, minha missão era elevar o nível daqueles motoristas do estágio reativo para o estágio da interdependência, sabendo que entre eles existem ainda mais dois estágios do processo evolutivo, que são: a **DEPENDÊNCIA** e a **INDEPENDÊNCIA**. E, caso eu não quisesse fracassar, não poderia pular essas etapas evolutivas, ou seja, o primeiro passo era saltar de reativo para dependente. E como se faz isso?

Deveria focar os esforços na melhoria do comportamento da liderança, pois os funcionários dependentes precisam de mais instruções, de mais informações, de uma gestão mais próxima, quase corpo a corpo, em que os líderes ensinam porque conhecem a tarefa e servem de exemplo, podendo cobrar por cada resultado, pois combinaram todas as metas e alinham as expectativas antes de cada novo trabalho.

A rotina de treinamentos e aplicação prática de cada conceito, regra e processo acelera o processo evolutivo, pois ninguém gosta de ser vigiado o tempo todo, profissionais querem gerar resultado com liberdade e a capacitação promove essa autonomia. Por isso, o salto da dependência para a independência é mais rápido, principalmente quando ele vê outros da sua equipe com autonomia e liberdade para decidir e atuar. Uma frase engajadora e poderosa da independência é: *resolve quem está mais perto do problema*.

É o processo de geração de confiança, pautado mais uma vez em assumir um papel de protagonista, sendo responsável por seus atos. Mais uma vez, *senso de pertencimento*.

Por fim, chegamos na interdependência, que praticamente é o estágio da independência evoluído, com aquele *plus*, mas não é qualquer *plus*, pois essa mudança de estágio depende dos cuidados que o profissional terá com os demais profissionais da empresa, independentemente da área de atuação. É a aplicação do *Cuidado Ativo* ou *Cuidado Mútuo*, que se resume em: "*eu cuido de mim, cuido de você e permito que você cuide de mim*".

![Curva de Bradley: Acidentabilidade vs Excelência Operacional. Reativo (Redução de Riscos e Controle) → Dependente/Independente (Estabilizar & Maximizar Eficiência, Mudança em Valores, Atitudes e Benefícios) → Interdependente (Geração de Valor e Disciplina Operacional). Maturidade Cultural.]

Fonte: Site Segurança do Trabalho. Disponível em: https://segurancadotrabalhonwn.com/curva-de-bradley/

Após entender esse contexto e receber a informação de que a análise de perfil apontava que a maioria dos motoristas estava no estágio reativo da curva de Bradley (a Curva de Bradley é um sistema que ajuda a compreender e avaliar o nível de desempenho de segurança de classe mundial desenvolvido pela empresa Dupont, referência no assunto), levantei algumas estratégias e dinâmicas, as quais poderiam ajudá-los nesse processo de melhorias comportamentais. No dia da minha apresentação desse projeto, fui surpreendido pelo Gerente de Operações daquela empresa, que, mesmo antes de eu iniciar, me abordou com os seguintes questionamentos:

– *O que você irá propor já foi realizado em outra empresa?*

Antes que eu respondesse, ele completou:

– *Deu certo?*

Eu respirei fundo e rebati a pergunta com as três camadas da Pirâmide Evolutiva, devolvendo em três perguntas a ele:

– *O que vocês têm em relação à segurança dos seus motoristas?* – da camada "ter", ou seja, comecei com o ápice da pirâmide.

Rapidamente ele respondeu com várias ferramentas de controle que eles utilizavam nos processos, como: telemetria, rotograma, computador de bordo, piloto automático, *checklist* de manutenção *on-line*, enfim, listou uma série de ferramentas.

Ouvi com atenção e fiz a segunda pergunta: – *O que vocês fazem com os resultados gerados por essas ferramentas?* – agora usando a camada central da pirâmide, *"fazer"*.

Mais uma vez ele respondeu com uma nova lista de ações, como: paradas surpresas para auditorias, comparativos entre os motoristas, ações de combate ao sono nas estradas, eventos de promoção da saúde do caminhoneiro, cursos de direção defensiva periodicamente, entre outras.

Após ouvir mais essa resposta, fiz a última pergunta, agora da camada de base, a mais importante, o *"ser"*:

– *Os seus motoristas são seguros?*

Nesse momento, ele ficou em silêncio e, em vez de me responder com mais uma lista de procedimentos, perguntou:

– *Me dê um exemplo do que é "ser" seguro para você?*

E eu respondi:

– É simples, me responda de acordo com a percepção e conhecimento que você tem sobre as pessoas da sua equipe: o motorista que conhece todos esses processos e ferramentas, que recebe todos os treinamentos, todos os *feedbacks*, todas as orientações necessárias de acordo com a legislação e, ainda, todos os Programas de Qualidade de Vida e de Segurança que você nos explicou, me responda: quando eles deixam o caminhão na garagem da empresa, pegam seus carros particulares e vão para sua folga, eles continuam aplicando os mesmos procedimentos e regras em sua vida fora da empresa?

Nem deixei que ele pensasse muito e continuei:

– Numa estrada vazia, que ele conhece como a palma de sua mão, dentro do seu carro particular, sabendo todos os pontos de radares e polícia rodoviária, e com muita vontade de chegar em casa, eu lhe pergunto: ele freia em cima do radar ou mantém a velocidade correta por todo percurso?

Quase não consegui ouvir a resposta dele, mas, para bom entendedor, meia palavra basta.

Mais um aprendizado

Qual foi o aprendizado que consegui tirar dessa experiência? Com certeza, vários, mas o principal deles é que, para conseguirmos tais mudanças, precisamos do apoio de todos, principalmente do ápice da pirâmide, ou seja, o apoio de quem coordena, daqueles que comandam e os principais exemplos a serem seguidos.

Um consultor não consegue gerar nenhuma mudança se a cadeia gestora não apoiar as mudanças recomendadas e o problema é que inúmeras vezes a própria gestão é reativa. Para que existam equipes interdependentes, os patamares mais altos da hierarquia organizacional também precisam ser interdependentes. O processo evolutivo é de dentro para fora, e de cima pra baixo, não ao contrário.

Em *Mindset: a nova psicologia do sucesso*, Carol S. Dweck, Ph.D., professora de Psicologia na Universidade Stanford e especialista internacional em Sucesso e Motivação, desenvolveu, depois de muita pesquisa, um conceito fundamental: a atitude mental com que encaramos a vida, que ela chama de *mindset*, a qual é crucial para o sucesso. Dweck evidencia como o sucesso pode ser alcançado pela maneira de como lidamos com nossos objetivos. O *mindset* não é somente um traço de personalidade, é a tradução de por que somos otimistas ou pessimistas, bem-sucedidos ou não. Ele revela nossa relação com o trabalho e com as pessoas e a maneira como vamos educar nossos filhos. É, de fato, um fator decisivo para que todo o nosso potencial seja mais bem explorado e amplificado.

Devemos incentivar as pessoas a terem um *mindset de crescimento*, pois ele promove o desenvolvimento amparado nas mudanças rápidas e estimulados pelo reconhecimento dos esforços.

Olha só essa passagem que vivi com meu filho. Cheguei em casa após mais um dia de trabalho e, ao entrar no seu quarto para lhe dar um beijo, me deparei com ele, uma criança de nove anos, andando de um lado para outro, com semblante preocupado, com livros e cadernos espalhados por todo quarto, imediatamente perguntei: que tá pegando aí filhão?

Ele olhou meio surpreso, pois estava tão concentrado que mal percebeu minha chegada, e me respondeu: é que amanhã terei minha primeira prova bimestral do ano e estou aqui revisando tudo. Perguntei de volta: quer alguma ajuda?

Para minha surpresa ele se mostrou muito confiante e respondeu: não precisa papai, pois assisti todas as aulas, fiz todas as tarefas, estudei durante a semana e a mamãe me ajudou com um resumo ontem, agora estou apenas revisando tudo. E, além disso, é prova de matemática e eu adoro essa matéria!

No outro dia ele estava me esperando com aquele sorriso de missão cumprida no rosto, e antes mesmo daquele abraço gostoso perguntei: e aí, foi bem na prova?

– Muito bem papai, tirei 9,8!

Caramba, nem nas minhas melhores atuações havia conseguido sequer um 8 em matemática, e meu garotinho já na primeira mandou um 9,8 para o boletim, fui totalmente abduzido pelo sentimento de plenitude e orgulho. Fiquei tão empolgado com aquela nota que respondi: parabéns filhão, que nota incrível, você é muito bom em matemática, é o melhor de todos, sabe tudo!

Olha só que loucura, havia acabado de bombardeá-lo com *mindset fixo*, que é totalmente *oposto ao de crescimento*, acabara de plantar em sua mente que ele não precisava mais estudar, como ele sabia tudo era só deixar rolar, ou poderia ainda ser interpretado de outra forma, ele poderia receber aquela frase com muita pressão, do tipo: "e agora, como irei agradar meu pai, pois estudei muito para tirar essa nota, daqui pra frente ele só vai aceitar se for dez" – imagine a pressão na cabeça daquela criança.

Trazendo para os ambientes de trabalho, será que não é isso que muitos líderes despreparados fazem? Exigem sempre mais, só pelo fato de estarem no poder, para demonstrar que nunca estão satisfeitos, que nunca ninguém irá surpreendê-los, ou até mesmo que ele faria melhor. Essas posturas são desencadeadas por pessoas de *mindset fixo*.

Já com *mindset de crescimento* eu responderia para meu filho: parabéns filhão, que nota incrível, viu só como valeu a pena não ter perdido nenhuma aula, ter prestado atenção, feito as tarefas, estudado com antecedência, feito o resumo com sua mãe, revisado tudo, dormido cedo para acordar bem, enfim, essa super nota é fruto dos seus esforços, continue sempre assim focado e disciplinado, que excelentes resultados sempre virão. Parabéns, estou orgulhos da sua conquista!

Ressaltar os esforços, disciplina, dedicação, organização e foco serão sempre os caminhos do *mindset de crescimento*, pois a mudança não está restrita aos superdotados, mas, será possível a todos que querem e fazem por merecer.

Berço de ouro

Sinto-me com muita propriedade para falar de AMOR, pois nasci num verdadeiro berço de ouro, onde nunca me faltou nada, até mesmo nas mais duras crises sempre vinha uma surpresinha no Natal, sempre estudei em ótimos colégios e curtimos as férias na praia em praticamente todos os verões. No entanto, não é a esse tipo de ouro que me refiro, estou falando de uma pedra mais preciosa, aquelas que compõem o *AMOR VERDADEIRO*, estou falando de cuidado, lealdade, respeito, confiança, carinho, afeto, beijos, abraços, olhares, sorrisos e muita cumplicidade, e pode ter certeza de que sempre senti, respirei e vivi muito todos esses sentimentos. Meus pais eram e serão sempre os meus maiores exemplos. Viviam grudados, andavam sempre de mãos dadas, se abraçavam o tempo todo, mesmo em público trocavam carinhos, afeto, olhares, em casa, então, era o tempo todo, até beijos demorados nós presenciávamos, parecia que eles queriam nos ensinar com cada um desses momentos, e, na verdade, eles estavam ensinando.

Eu nunca vi meus pais brigarem, mas com certeza eles brigaram algumas vezes, porém nunca na frente dos filhos; eu nunca vi minha mãe desabonar uma ordem do meu pai, mesmo que ela quisesse muito, quando ouvia da cozinha ele nos dar doces antes do jantar; nunca vi o meu pai reclamar da minha mãe para algum amigo, assim como nunca a vi fazer algo parecido, pois eles se protegiam, se resguardavam, se fortaleciam com bons hábitos, sim, os hábitos diários, como um bom-dia, um beijo na despedida para o trabalho, e também no seu retorno, uma comunicação afetiva, sempre pedindo por favor e dizendo obrigado, esses e outros hábitos fortalecem o relacionamento, sempre amparados pelo respeito mútuo.

Todo esse carinho se torna o combustível que abastece esse motor pulsante chamado AMOR.

Sempre que meu pai chegava em casa, nos enchia de beijos e abraços, e ainda guardava o carinho mais *caliente* para a sua esposa. Nas áureas épocas dos cinemas, ele às vezes ficava quase um mês fora de casa, pois estava visitando cada um dos seus cinemas, e naquela época não tínhamos as facilidades de comunicação que temos hoje, ele ligava em casa poucas vezes nesse período, nunca sabíamos a hora nem o dia certo da sua chegada e eu confesso que era muito legal não saber, pois isso gerava uma ansiedade por receber um presente. Sim! A presença dele era o presente.

Podíamos já estar já na cama, ou até dormindo, como aconteceu várias vezes, mas, quando um de nós escutava o barulho do carro entrando na garagem, era uma loucura, já nos preparávamos para o trenzinho do AMOR, que era um momento mágico e muito intimista da nossa família, pois, quando ele chegava, antes mesmo de abrir a porta da sala, já gritava:

– Tá pronto o trenzinho do AMOR?

Quando ele abria a porta, mais do que depressa, minha irmã, a caçula, corria para os seus braços, e eram os beijos e abraços mais puros que já vi. E, após ele lamber sua cria igual a um tigre velho, colocava-a sentada no sofá logo ao lado. Em seguida, olhava para o meu irmão, o filho do meio, e chamava:

– Vem, *cowboy*! – pois meu irmão sempre gostou de cavalos e bois.

Não demorava nem um segundo e meu irmão pulava em seus braços e acontecia mais uma sessão de muito carinho, com alguns soquinhos de quebra, e ele logo o colocava ao lado da minha irmã.

Em seguida era a minha vez, o filho mais velho, que ele chamava de capitão, pois era eu quem ficava com as maiores responsabilidades na sua ausência. Ele me olhava e dava o comando após bater continência:

– E aí, capitão, correu tudo bem?

Após meu sinal positivo, eu também corria para os seus braços. Como era bom! (Confesso que demorei um pouco mais tempo para escrever estas linhas, pois estava enxugando algumas lágrimas que insistiam em cair.) Incrível como é a nossa memória, ou melhor, como é forte essa tal de saudade. Cada vez que eu pensava nesses momentos, parecia que eu conseguia sentir o cheiro dele aqui comigo novamente, era tão presente, uma mistura de suor com desodorante barato vencido. Parece horrível? Que nada, para a lembrança do primeiro homem que amei na vida não poderia existir aroma melhor.

Nos abraçávamos apertado por alguns minutos e logo ele também me colocava sentado no sofá. Mas por que todos ali sentados no sofá da sala? Porque faltava alguém para completar o time Blóes, sim, faltava a rainha do lar, como ele chamava a minha mãe que até então estava na cozinha, fingindo que estava preparando o jantar, quando, na verdade, estava se perfumando para esperar seu grande AMOR, (pausa para eu respirar um pouco, passou um filme pela minha cabeça agora...) Sabe aqueles filmes românticos das antigas? Então, era igual, ela vinha correndo ao seu encontro, e ele, já com pose de galã, abraçava meio que a deitando, como no final de uma valsa, e ali começavam a se beijar, mas não era qualquer beijinho não, era de língua e tudo... (risos), e nós ali, meio que boquiabertos, vendo o final da novela ao vivo, e quando o meu pai percebia que estávamos vidrados na cena ele virava a minha mãe de costas para nós, escorregava a mão boba e dava um apertão em sua bunda, minha irmã até tapava os olhos com as mãos, mas para mim e para o meu irmão ele completava dando aquela piscada de olho, com um sorriso de canto de boca, como quem diz: "aprenderam como se faz?".

Eram, sem dúvida, os momentos de maior carinho que vivíamos em casa. Mas ainda tinha mais, eles comemoravam todos os aniversários de casamento viajando em *lua de mel*, mesmo nos momentos de crise financeira, quase que sem dinheiro, mas as datas especiais eram especiais, e, mesmo se fosse para um hotelzinho de uma cidade vizinha, lá estavam eles a celebrar mais um ano juntos. Além desses momentos a dois, não passavam nenhuma dessas datas sem uma troca de cartas, um porta-retrato com uma foto de um momento especial, um buquê de flores ou apenas um botão de rosa. Era de fato impressionante.

Por esses motivos e tantos outros exemplos que vivi ao lado deles, com certeza poderia escrever outro livro só para contar sobre a história de Amor dos meus pais.

Devido a todas essas vivências, eu achava que sabia amar como ninguém, que era perito nessa arte, pois havia sido criado e educado por esse casal incrível, que era sinônimo de AMOR e mestres de como se deve AMAR. Mas a vida nos ensina algo novo a cada dia. Eu comecei a perceber as diferentes fases desse sentimento quando eu e meus irmãos começamos a crescer, pois amor de irmão também tem fases: quando se é criança, se ama de um jeito todo meigo e singelo; quando se é pré-adolescente, parece que o amor dá lugar às brigas; quando se é adolescente, parece que os amigos são mais irmãos do que os próprios irmãos, mas, quando precisamos sair de casa, a saudade aproxima os irmãos novamente; e, depois que se casa, as esposas e os maridos afastam novamente os irmãos, mas, quando sobrinhos chegam, tudo volta ao início novamente (lembra do círculo virtuoso?), é uma mutação tremenda, mas nunca deixa de ser *AMOR STORGE*.

Até aqui, eu já me considerava o cara do amor, mas ainda haveria mais provações, e elas vieram.

Eu me casei, e muito bem, por sinal. Pois eu me casei com uma mulher inteligente, linda, carinhosa, com quem quero passar todos os dias da minha vida, se ela me aguentar, é lógico. Porém, no começo não foi esse mar de rosas, pois eu tinha um parâmetro muito intenso de amor em família, a régua estava alta demais e eu não havia me casado com minha mãe nem com minha irmã.

A minha esposa não havia sido criada sob o mesmo teto que eu, não passara pelas mesmas experiências e não tivera os meus privilégios de carinho e compreensão e é claro que o início dessa nova vida a dois não foi nada fácil, pois tínhamos que, juntos, equalizar essa conta e logo percebi que não seria com palavras, mas, sim, com gestos e atitudes. É como eu sempre falo, relacionamento de sucesso é feito por pessoas determinadas a serem felizes, aquelas que valorizam a arte de amar, de amar as coisas que o dinheiro não é capaz de comprar.

> **"Relacionamento de sucesso é feito por pessoas determinadas a serem felizes!"**

Por isso é tão difícil amar quem a gente mal conhece. Como poderemos amar aquele que desagrada, que está sempre cobrando? Só existe um jeito, entendendo o objetivo final, incorporando que só nos daremos bem se os interesses forem mútuos e interligados, e a construção de um ambiente feliz, harmonioso e rico em conquistas só existirá se tudo for compartilhado genuinamente, sem a obrigação, mas sim pelo simples fato de que vida a dois é compartilhada. Quando eu e minha esposa entendemos isso, a nossa vida a dois decolou, nos tornamos mais unidos, aproveitamos cada viagem, cada novo lugar, cada dia sem nada para fazer como se fosse um dia abençoado. Foram anos a dois de extrema importância para o fortalecimento do nosso relacionamento, pois nos conhecemos ainda mais, aprendemos a respeitar os limites de cada um, e, ainda, isso nos preparou para o estágio mais importante, que foi quando nossos filhos vieram. Tornamo-nos pais de um casal de filhos lindos (puxaram a mãe, é lógico), vivemos todos juntos e misturados sempre, amamos ficar em casa juntos de bobeira, amamos almoçar e jantar todos juntos à mesa, amamos torcer uns para os outros em seus esportes preferidos, amamos maratonar séries juntos, amamos conversar sobre nossos dias, enfim, nos amamos muito.

Consequentemente, minha carreira também começou a prosperar, e foi aí que compreendi que não dá para separar as coisas; se você está bem no pessoal, o profissional vem de carona, mas não posso afirmar que a recíproca é verdadeira, pois acredito na ordem natural das coisas, em que primeiro vem a pessoa e depois o profissional, primeiro vem o lar e depois o local de trabalho, primeiro a família e depois os amigos, primeiro os amigos e depois os colegas e assim por diante.

Por isso, venho trabalhando e me aprimorando para incluir o AMOR nos negócios, nas empresas, nas equipes e times de trabalho. Quero continuar transmitindo a mensagem de que é preciso conquistar os relacionamentos e amizades com muito respeito e empatia. E para isso, existirão vários Líderes Natos, como o meu pai, mas também vários Líderes Técnicos, Planejadores, Democráticos, Executores, Analíticos, Performáticos, Comunicadores, Colaborativos, Servidores, entre tantos outros que poderão ser desenvolvidos com muito aprimoramento e mudança de *mindset*.

O primeiro passo para esse entendimento é a construção do *amor-próprio*, se amar como indivíduo, aceitando seus defeitos e virtudes, para, aí sim, praticar o amor entre as pessoas, entregando sempre o seu melhor. O segundo passo são os gestos de gentileza, que é fazer o bem sempre, independentemente de para quem e sem esperar nada em troca.

"Fazer o bem não importa a quem".

O terceiro passo e um dos mais importantes é ser EXEMPLO em tempo integral. Ser exemplo dos seus princípios, valores, ideias e atitudes, pois, quando nos tornamos um exemplo, ganhamos seguidores e serão eles quem multiplicarão a missão de propagar as boas práticas, os bons relacionamentos, e esses bons relacionamentos se tornarão fortes elos de confiança guiados por uma nova classe de líderes. A classe dos Líderes por Amor.

Descrevo como nova classe por estarmos acostumados a apenas separar entre *Líderes x Gerentes* – muitas vezes não compreendi bem essa divisão tão generalista, nas quais, em muitas vezes, observei mensagens afirmando que os líderes eram melhores do que os gerentes, ou vice-versa. Leia com atenção essa frase: "gerenciar é fazer as coisas do jeito certo; liderar é fazer as coisas certas". No primeiro momento após a ler, eu e, quem sabe, você pensamos que sob essa ótica o papel do líder é mais importante sempre, mas os autores Peter Drucker e Warren Bennis só estavam tentando nos alertar da importância desses dois papéis, que juntos se completam.

Dificilmente iremos nos deparar com gerentes excelentes sem uma liderança servidora, assim como não encontraremos líderes excelentes sem uma gerência servidora, ou seja, precisamos que ambas as funções e visões caminhem de mãos dadas e alinhadas, pois a visão organizacional focada nos processos, regras e ferramentas atribuídas aos gerentes sempre norteará as atividades diárias conduzidas pelos líderes e seus times. Da mesma forma, o olhar focado em pessoas, comportamento, motivação, reconhecimento e diálogo aberto promoverá o crescimento pessoal e profissional de todos os seus liderados, impactando significativamente e positivamente no clima organizacional e na gestão comportamental.

Mais uma vez aqui cito Stephen R. Covey, quando usou como exemplo um grupo de lenhadores que tinha como tarefa abrir caminho pela mata com seus machados. Ele descreve que os gerentes se posicionam atrás do grupo de lenhadores, afiando seus machados, exigindo as regras de segurança, cumprimento dos processos e prazos de entrega, pontualidade nas trocas de turnos, ou seja, estão sempre focados no cumprimento das regras para a boa execução dos serviços. Já os seus líderes se posicionam no topo das árvores mais altas para, lá de cima, confirmarem se todos estão na floresta certa e se os serviços estão realizados no local certo, dentro das recomendações de qualidade necessárias e exigidas.

E aí, qual das duas funções é mais importante? Espero que, assim como eu, você tenha compreendido a força dessa sinergia.

17
Líder por amor

Em que momento da vida conseguimos declarar em voz alta o quanto amamos alguém? Será que conseguimos identificar um grande amor quando ele está próximo, ou só quando estamos distantes? Será que em algum momento da vida entenderemos a dor da falta de um grande amor?

São perguntas com várias respostas, pois o amor sincero e verdadeiro é uma dádiva de Deus, é a grande busca da vida, podendo ser encontrado em alguns raros momentos intimamente ligados ao seu eu, ao estado pleno de bondade, companheirismo, empatia, cuidado mútuo, compromisso genuíno, entrega da sua melhor versão e, por que não dizer, momentos de paz espiritual.

Madre Teresa disse: "O fruto do silêncio é a oração, o fruto da oração é a fé, o fruto da fé é o amor, o fruto do amor é a entrega e o fruto da entrega é a PAZ".

A primeira vez que eu disse que amava alguém, sem dúvidas, foi para meus pais, o que é mais do que natural, pois são o nosso primeiro AMOR, assim como foi com meus irmãos, apesar de ser diferente, mas ainda é aquele amor de família – o amor *Storge*. Muito tempo depois eu voltei a dizer essa frase mágica para a minha namorada, que hoje é minha esposa. Porém, quando falei a primeira vez para ela, ainda não tinha total certeza desse sentimento, pois era uma mistura de paixão, desejo, afeto e conquista, era amor *Eros*. Talvez porque não tínhamos certeza se iríamos nos casar e viver juntos para sempre. As incertezas muitas vezes misturam e confundem os sentimentos.

Porém, depois de um longo período de namoro, em que nos conhecemos melhor, sorrimos, choramos, nos divertimos, brigamos um pouco, com certeza, mas, acima de tudo, sempre nos respeitamos e, principalmente, nos aceitamos do jeito que éramos, construímos assim base sólida do nosso amor, também chamado de propósito compartilhado, e foi esse propósito de vivermos juntos em harmonia e se respeitando mutuamente que nos levou ao altar. Sim, o casamento também pode ser descrito como amor *Philia*, pois é o amor da cumplicidade, quando as pessoas se unem ao encontrar um ponto de congruência, quando os valores de ambos são idênticos e inegociáveis.

Após a troca de votos, várias vezes, dissemos eu te amo um para o outro, mas, ainda assim, de um jeito muito diferente daquele dito aos nossos pais. O tempo foi passando, novos desafios foram surgindo em nossa convivência e, a cada novo ciclo, nos adaptamos e superamos muitas divergências naturais de qualquer matrimônio. Porém, algum tempo depois, tudo mudou novamente, a vida a dois começou a ter outro sentido, foi quando nossos filhos chegaram.

E posso afirmar com letras garrafais, é totalmente diferente de tudo que já havia vivido antes, algo inexplicável por vários motivos. Por exemplo: não consigo ficar nenhum dia sequer sem dizer a eles o quanto eu os amo, praticamente eles passam a se tornar o ar que se respira, a razão de viver, quando estamos juntos sinto paz em minha alma, algo que é impossível de descrever com palavras. Acredito ser o AMOR mais forte de todos, aquele que dói quando estamos pertos ou longe, que sente falta mesmo estando juntos, algo que só pode ser sentido e nunca imaginado. Sim, estou tentando dizer que voltamos ao amor *Storge*, ou seja, é mais um exemplo de círculo virtuoso, em que o primeiro amor é o de família, em seguida o da lealdade dos amigos, depois o da conquista do companheiro ou companheira de vida e, novamente, o da família, com a formação da sua própria família, agora, aquela que você escolheu.

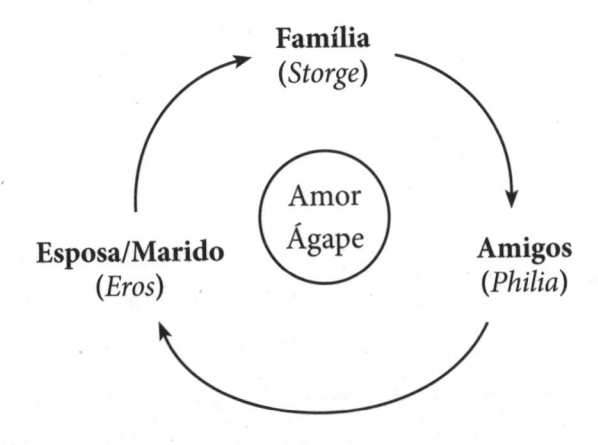

```
              Família
             (Storge)
        ↗              ↘
              Amor
             Ágape
  Esposa/Marido      Amigos
     (Eros)          (Philia)
        ↖              ↙
```

Com certeza, hoje consigo ver com clareza a força desse círculo, porém com mais força ainda, quando compreendi que no centro está o amor que sustenta todos os demais, o amor Ágape, aquele nos ensinado por Deus, aquele que nos mantém lúcidos para praticarmos todos os amores com muita humildade e altruísmo.

Acredito também que a convivência equilibrada é que sustenta o amor, com respeito às diferenças e o convívio com elas, pois não é o amor que sustenta a convivência, mas sim a convivência que promove o AMOR.

Amor em dobro

Meu pai, meu herói, meu grande ídolo, meu amigo faleceu antes de conhecer seus netos. Se ele fosse vivo, com certeza teria o imenso prazer de receber o carinho e o amor de todos eles. E eles o amariam demais, não tenho dúvidas disso.

Quando penso que ele não conseguiu conhecer os netos, me vem uma dor no peito, uma falta de ar, uma angústia. Parece que seria a minha chance de retribuir a ele tudo o fez por nós, pois, por mais que eu fosse presente e amoroso enquanto ele estava vivo, sempre me vem um questionamento em mente, de que eu poderia ter feito mais por ele.

Pode parecer que eu sofro com algum sentimento de culpa, por alguns desses momentos ausentes, acredito que não seja culpa, mas apenas saudade. Porém sofro mais quando penso que meus filhos e sobrinhos não tiveram o privilégio de conhecer o avô paterno. Esse homem admirável, que poderia contribuir muito na educação, no aprendizado, na formação do caráter e, principalmente, nos ensinamentos sobre a força do amor que se deve ter pelas pessoas e pela vida. Assim como ele me ensinou e aos meus irmãos. Fico imaginando como seria com seus netos, pois, se eu vivi tudo aquilo com ele, imagine ele com os netos, pois dizem que amor dos avós é em dobro.

A despedida

Poucas vezes comentei ou falei sobre a morte dele. Meu pai me ensinou que as melhores lembranças estão na vida e que é melhor viver o presente do que chorar o passado.

Como eu disse em outras passagens, meus pais eram extremamente ligados, unidos, cúmplices, amantes e muito felizes e apaixonados. O que vou falar agora pode parecer ficção, ou algo que inventei para que esse livro tivesse um final mais dramático, na verdade, até gostaria que não tivesse sido assim, mas hoje compreendo que era para ser assim, e, dessa forma, meu pai deixou mais um legado, mesmo em seus últimos dias.

Meu pai sofreu um infarto em 1992, quando eu ainda jogava futebol, e, momentos antes da sua cirurgia, ele me deixou um bilhete para que eu não me preocupasse, que era apenas para eu me concentrar no jogo de domingo – a cirurgia aconteceu numa sexta-feira à noite, enquanto eu já estava concentrado para o jogo. Você pode imaginar que, mesmo com todos os meus esforços, não consegui fazer nada direito naquele jogo, minha cabeça estava só pensando nele.

A cirurgia foi um sucesso, apesar de muito delicada para a época, pois foram colocadas três pontes de safena, e, para surpresa dos médicos, em menos de seis meses ele já estava de volta ao trabalho, num ritmo muito mais lento é verdade, mas aos poucos tudo foi se ajeitando. Joguei mais dois anos depois dessa primeira ocorrência, mas a vida nunca foi a mesma. Aquele *Super Homem*, agitado, sempre correndo, fazendo, construindo, impactando, transformando, não era mais tão forte, mas, ainda assim, ele fazia de tudo para que todos nós seguíssemos em frente com as nossas vidas e, principalmente, que não interrompêssemos nada por conta dele.

Mesmo ele lutando para que nós continuássemos com nossos sonhos, como já mencionei anteriormente, no final de 1995, em meu primeiro ano como profissional, resolvi largar tudo e voltar para casa. Ainda hoje, nas conversas com alguns amigos que conhecem minha história, sou questionado se me arrependo de ter abandonado o futebol. Sempre respondo com o mesmo sorriso no rosto: "nunca irei me arrepender dessa decisão". Pois foi essa decisão que me deixou por mais onze anos ao lado do meu maior líder. Foram anos de constantes ensinamentos, de muitos desafios, de uma construção incrível do meu caráter e senso de responsabilidade, e posso afirmar, com toda a certeza do mundo, que eu não seria nem de perto a pessoa que sou hoje se não tivesse voltado para casa, para os ensinamentos do meu *Líder nato*.

O coração

Seu coração já não tinha mais força suficiente para mantê-lo vivo. Eu já estava atuando nas grandes empresas e tinha uma rotina de viagens e trabalho absurdamente acelerada e até exagerada. Mesmo com tão pouco tempo, me esforçava ao máximo para visitar meu pai toda semana. Ele estava piorando e, meio que por acaso, nos encontramos na cidade de Sorocaba, ele para uma consulta, eu para um trabalho numa cidade da região. A consulta seria pela manhã, meu trabalho era na tarde do dia anterior, então, após o trabalho e antes da consulta dele, iríamos dormir juntos e eu conseguiria acompanhá-lo ao médico no dia seguinte.

Cheguei à casa da minha tia, onde sempre ficávamos, por volta das 19 horas, jantamos juntos e logo meu pai quis se deitar, ele estava muito fraco e abatido. Por volta das 22 horas passou mal e, ao tentar ir ao banheiro, desmaiou em meus braços.

Nunca pensei que seria tão difícil escrever sobre isso, parece que eu havia apagado essa cena da minha vida por todos esses anos. Foi o momento mais difícil que vivi até hoje, uma sensação de impotência, um sentimento de derrota, algo que machucou em um lugar que eu não conhecia do meu corpo. E, com ele nos meus braços, olhei para a minha mãe, que chorava incontida, e, em uma das poucas vezes de que me recordo, me vi sem saber o que fazer, paralisado, imóvel, com o homem da minha vida em meus braços. Foi então que minha tia, sempre firme, me olhou e disse:

– Corre para o hospital, já estou ligando para o médico dele!

Não me recordo como, nem por que, mas, quando me dei conta, estava a caminho do hospital sozinho com meu pai. Ele estava voltando do desmaio, muito confuso, e eu dirigindo meio que sem entender o motivo de todos terem ficado em casa, e eu ali sozinho com ele.

E, retomando a consciência, me disse:

– Já estou melhor filho, pode ficar tranquilo, foi só a minha pressão que caiu.

Eu queria acreditar naquilo e voltar com ele para casa, mas meus olhos não viam a mesma coisa que meus ouvidos escutavam, ele estava muito mal, e segui até o hospital.

Dei entrada na emergência do Hospital Evangélico de Sorocaba, onde o mesmo médico que o operou da primeira vez estava de plantão e nos esperava após a ligação da minha tia, um verdadeiro médico da família, aquele que nunca nos desamparou, somos e seremos sempre gratos a esse profissional altamente capacitado e dedicado, além de um ser humano como poucos que passam por nossas vidas. Infelizmente, mesmo com tanta atenção e dedicação daquele médico incrível, meu pai entrou, mas não conseguiu sair daquele hospital.

Foram dezessete dias na UTI. Pode até parecer pouco, se comparado com outros casos, mas esse desfecho tem um ingrediente inesperado: minha mãe sempre aproveitava as consultas do meu pai para também fazer seus exames de rotina, e no dia em que meu pai foi internado ela recebeu o diagnóstico de que estava com um tumor no baço e precisava ser operada às pressas. Ela ficou num quarto particular com a possibilidade de que eu e meus irmãos pudéssemos nos revezar para dormir com ela e também tentar ficar mais perto do nosso pai.

Preciso registrar aqui algo que outro líder fez por mim nesse momento tão difícil. Eu estava com um trabalho muito intenso numa fábrica de papel e celulose que ficava no município de Luiz Antônio - SP, distante quase 300 km daquele hospital. Pode-se imaginar o meu estado físico e emocional, pois eu dormia dois dias em casa e um no hospital e ainda viajava essa longa distância duas vezes na semana. Foi quando um dos gerentes dessa empresa me chamou em sua sala. Eu fui tremendo, pois estava imaginando que havia feito ou deixado de fazer algo devido ao desequilíbrio emocional que estava vivendo, mas, para minha surpresa, ele queria saber como meus pais estavam, pois ouviu o boato de que ambos estavam internados ao mesmo tempo.

Muito nervoso, tentei resumir a história para ele, que, com um semblante muito sereno, deixou que eu explicasse ou quem sabe desabafasse. Quando eu terminei de falar, ele me olhou firme e perguntou:

– O que você está fazendo aqui?

Nesse momento, não consegui mais segurar o choro. E ele continuou me olhando firme e me disse:

– Hoje você irá para sua casa descansar e se alimentar bem, amanhã pode ir pra Sorocaba e vai ficar com seus pais até eles saírem do hospital.

Tentei argumentar que estava no meio de um projeto, mas ele me interrompeu novamente e falou de forma um pouco mais dura:

– Não estou pedindo, estou autorizando você a se concentrar apenas na saúde dos seus pais, pois tudo aqui pode esperar.

Eu saí daquela sala sem acreditar no que havia acontecido. Como eu poderia agradecer por tantos anjos que apareciam em minha vida?

Acredito que todos nós temos anjos presentes em nossas vidas, porém muitos não são percebidos, pois sempre estamos reclamando dos nossos problemas e não conseguimos ver que as soluções estão, muitas vezes, em ouvir as pessoas próximas, aquelas que querem o nosso bem, aqueles que nos amam de verdade.

Meu pai ficou internado na UTI com apenas uma visita diária, nos revezamos para vê-lo e conversar nos breves vinte minutos que tínhamos. Lembro-me de todas as visitas, de cada segundo que eu passava com ele naquele leito de hospital, de cada sorriso com aquele buço sempre suado, daquelas sobrancelhas altas em sinal de atenção, e daquela voz meio rouca e sempre serena que me confortava todas as despedidas com a frase: *"até daqui a pouco, filho"*.

Falávamos sobre tudo, na verdade, ele queria saber sobre tudo, o que estava acontecendo em nossas vidas, quais eram os próximos projetos, e nunca nos dava conselhos ou conversava em tom de despedida. Era sempre um bom papo, parecia que estávamos tomando um café na padaria, era nítido que ele sabia da gravidade do seu caso e, ao mesmo tempo, deixava claro que estava tranquilo, que tinha vivido tudo em sua plenitude, que fez tudo o que deveria fazer. Não estou dizendo que ele desistiu, isso jamais, mas era como se seu destino estivesse certo, o seu legado o manteria vivo entre nós. Como, de fato, sempre manteve.

Sou e serei eternamente grato por todos os dias que pude viver ao lado do meu pai, pois hoje, após me tornar pai, entendo o verdadeiro legado que ele nos deixou, que é ser presente, não apenas pai, líder, formador de opinião e tudo o que aqui relatei, mas, principalmente, ele nos ensinou a ser EXEMPLO.

O último encontro

E, como num bom livro de romance, eu fui abençoado em presenciar a maior cena de amor que poderia ter visto em toda a minha vida. Dificilmente verei algo tão forte e intenso, acho que nem ao menos parecido.

Depois de dezessete dias de internação dupla, meu pai com déficit cardíaco e minha mãe para realizar uma cirurgia de retirada de um tumor benigno, o quadro dos dois era bem diferente. Meu pai estava cada vez mais debilitado, pois só um transplante de coração o salvaria, já minha mãe demonstrava uma força de recuperação que impressionava até os médicos, ela superou todas as previsões de alta e, naquele décimo sétimo dia, os médicos a liberaram para voltar para casa.

Ainda estava um tanto abatida, pois a cirurgia tinha sido muito delicada, mas tenho certeza de que a sua maior dor era por ter ficado todos aqueles dias longe do seu grande amor.

A primeira coisa que minha mãe fez após receber alta foi tomar um bom banho, se arrumar e esperar a hora da visita da UTI para ver seu esposo e companheiro de vida. O que ela não sabia é que na noite anterior os médicos já haviam me alertado de que o quadro do meu pai havia piorado muito e que precisaram entubá-lo. Resolvi guardar essa informação só para mim, pois eu estava acompanhando tudo muito de perto e não queria tirar as esperanças da minha família.

Chegada a hora da visita, minha mãe e eu fomos de mãos dadas até ele, e já na entrada percebi que algo não estava normal, pois havia mais de um médico ao seu lado e o enfermeiro deixou que entrássemos juntos. Assim que nos aproximamos, outra coisa estranha aconteceu, um dos médicos, quando nos viu, rapidamente tirou a intubação e deixou que minha mãe se aproximasse. Nesse momento, meu pai abriu os olhos, se esforçou como nunca para virar a cabeça para o lado e ver seu grande AMOR chegar. Minha mãe se aproximou e colou seu rosto pertinho da boca dele, ele sussurrou em seu ouvido. Após ouvi-lo, ela o abraçou tão forte e o beijou tão carinhosamente que naquele momento parecia que o mundo havia parado e eles tinham regressado à adolescência ao exato momento em que se conheceram. Nos segundos seguintes, enquanto ela começava a se afastar, o alarme dos batimentos cardíacos soou pela última vez.

Aquele havia sido o seu último gesto, sua última mensagem, seu último ensinamento. Ele havia esperado até o último segundo de vida para se despedir do seu grande amor, e ali, naquele instante, uma história de amor estava sendo interrompida, pelo menos neste plano. A partir daquele instante precisaríamos reunir todas as forças para seguirmos em frente. Porém, infelizmente, sem ele.

No dia 8 de setembro de 2006, meu pai, o senhor João Sennen Blóes, com apenas 64 anos, nos disse adeus.

Mesmo após tantos anos da sua partida, eu tenho certeza de que ele nunca deixou de estar presente na minha vida um dia sequer, às vezes me pego olhando para o nada e começo a lembrar dos momentos tão felizes que passamos juntos que quase consigo sentir seu cheiro, ouvir sua voz e ver seu sorriso.

Saudades?

Muitas. Mas com uma certeza inabalável, a de que estamos sempre juntos.

Obrigado, Pai.

Mensagem final

PARA ENCERRAR, GOSTARIA DE DIZER TRÊS COISAS:
A primeira é pedir desculpas por alguma falha ou momento em que me emocionei demais, pois a ideia inicial era falar de vários modelos de liderança, porém quando comecei a resgatar todos esses momentos *o líder nato e por amor* falou mais alto.

Em segundo lugar, gostaria de agradecer muito por você ter adquirido este livro e ficado comigo até aqui, espero que essas experiências possam influenciá-lo(a) a seguir em frente e colocar em prática esses ensinamentos transformadores da *liderança por amor*.

E, por fim, gostaria de deixar uma última provocação:
– Você quer ser o artilheiro do time que será rebaixado ou o reserva do time que será campeão?

Apenas reflita sobre a sua resposta e, com certeza, entenderá o caminho que deverá seguir. Pois, independentemente da sua escolha, você necessitará de esforços, dedicação e muita disciplina. Terá ganhos e perdas, e, ainda, precisará reprogramar diariamente o seu *mindset* para continuar focado no seu desenvolvimento e crescimento como *ser humano* empático, resiliente e perseverante.

E para mudar constantemente esse *mindset*, precisará fazer algo diferente, aquele algo a mais, se doar um pouco a mais, e não estou me referindo apenas a esforços físicos, ou a horas incessantes de trabalho ou de estudo. Estou falando de respeitar os prazos de maturação, de entender que tudo tem o seu tempo, até mesmo a dor tem o tempo necessário para cicatrizar e deixar a pele mais cascuda.

É necessário começar por dentro, ser autêntico e genuíno, não apenas copiar os sonhos dos outros. É claro que é importante termos boas referências, bons comparativos, seguir bons líderes, afinal, esse é um dos principais motivos deste livro, servir de exemplo de boas práticas. Mas encontrar a sua essência é o primeiro passo.

Além de todos esses esforços individuais, é indispensável se unir a pessoas do bem, profissionais bem-preparados que, juntos, se completam, pois, sem dúvida alguma, só existe um tipo de sucesso, o *SUCESSO COLETIVO*, composto por bons parceiros e parceiras de trabalho, fornecedores integrados, clientes exigentes, concorrentes de alto nível e até amigos palpiteiros.

Contudo, a parceria mais importante, claro, é a *FAMÍLIA*, que é a conexão insubstituível da união do *AMOR* com aqueles que compartilham dos mesmos ideais. É o nosso porto seguro.

E, no final das contas, só viveremos a plenitude de todos esses momentos de alegria se estivermos ao lado deles, pois são eles que nos dão todo o suporte, consolo e, principalmente, força para superar e vencer cada novo obstáculo. É com eles que queremos estar para comemorar as mais simples conquistas, ou mesmo chorar a mais dura das derrotas.

O final

Demorei mais de dois anos para escrever este livro, e me apaixonei tanto por ele que não consigo parar de escrever, parece que voltei a ser adolescente e estou registrando tudo em meu diário, mas, agora que cheguei nas últimas linhas, não consigo me inspirar em nenhuma frase de efeito para finalizar em grande estilo, acho que porque não existe nenhuma frase já pronta que supere o meu sentimento de realização ao concluir mais este sonho, de iniciar mais esta etapa da minha carreira, de divulgar meus conceitos por meio das minhas próprias vivências e, ainda, poder dividir tudo isso com pessoas que talvez eu nunca irei conhecer pessoalmente. É um sentimento muito louco, confuso, por estar abrindo os cofres da minha intimidade, dos meus defeitos, das minhas vaidades, dos meus sonhos mais secretos, que por muito tempo se mantiveram escondidos atrás de um sorriso.

Um desses sonhos eu estava tentando realizar naquele mesmo ano em que meu pai nos deixou, pois com a ajuda dele conseguimos comprar um imóvel em minha nova cidade Ribeirão Preto - SP e estávamos começando a reformá-lo para em breve inaugurar a nossa segunda academia. Porém, com a piora do seu estado de saúde, ele não pôde acompanhar mais essa obra. E, em nossa última conversa no hospital, ele pediu que eu pegasse e usasse alguns metros de piso *granito – cor Capão Bonito* que haviam sobrado da construção da nossa casa e estavam guardados havia mais de dez anos. Na época, achei que era apenas um mimo, pois os granitos são muito caros e seria um luxo usá-los em minha obra, mas, agora, após ler e reler todas estas linhas, compreendi que essa última lição é uma das mais poderosas que ele me deixou, pois ele estava tentando me dizer que precisamos de um chão estável para pisar, que seja firme e resistente como o granito e, ainda, que nos permita caminhar seguros, pois está sustentado pelas raízes da nossa família.

Devemos pavimentar as estradas da nossa própria vida, cuidando diariamente e incansavelmente para que esse piso se mantenha sempre polido, limpo e bem cuidado. Seja ele o piso do chão da sua empresa, do seu trabalho, da sua escola, da sua igreja, da sua comunidade e da sua família. Esse granito que meu pai me deu foi assentado no escritório da nossa nova academia e todas as vezes que olho para ele me lembro da base sólida que meu pai construiu em nossa família. Meu lema hoje é:

"**Viver o presente, respeitando o passado e vislumbrando um futuro melhor.**"

Posso confessar um último sentimento, o de alívio, pois foi muito bom me libertar dos medos que eu tinha ao pensar em me arriscar a escrever um livro, pois não é fácil se expor a julgamentos e críticas, mas agora me sinto leve, pois tudo foi escrito com muito amor, e nada mais do que minhas experiências.

Meu maior desejo é que a vida promova a todos que lerem estas linhas o mesmo que estou sentindo agora, que é muito mais do que missão cumprida, é o sentimento lúcido do poder do AMOR, da força que essa palavra tem em nossas vidas e conquistas.

Existe uma pergunta que sempre me fiz, e confesso que me incomodou por um bom tempo, que é: como deve agir o *Líder por amor*?

Sim, temos o acrônimo de amor, que nos orienta para que o líder seja sempre atento, motivado, organizado e responsável. Mesmo com essas diretrizes tão claras, quem sabe mais uma pergunta ainda persista: por onde devemos começar?

Acredito que não precisamos fazer grandes esforços para inventar uma nova receita, pois no mundo dos negócios, em nossas vidas particulares, em nossa família e, com certeza, na literatura, existem vários excelentes exemplos a serem seguidos. Quando eu comecei essa trajetória de transformação para me tornar um líder capacitado, me inspirei em alguns grandes autores como: Stephen Covey, Simon Sinek, James C. Hunter, Jim Collins, Carol Dweck, Clóvis de Barros Filho, Mário Sérgio Cortella, para apenas citar alguns. Mas foi um texto em especial que me chamou muito a atenção e me causou uma transformação interior, a qual, posso dizer, é uma das mais profundas e significativas desde que iniciei esse processo de mudança interior. O autor desse texto é William Rolfe Kerr, o qual Stephen Covey também citou em seu maior *best-seller*. Com tantas referências importantes e convergindo-se em prol de tudo o que eu acredito ser necessário para se tornar um Líder por amor, cito as lições escritas por Kerr, as quais procuro incansavelmente colocar em prática em minha vida:

- ✓ Primeiro seja bem-sucedido no lar.
- ✓ Busque e seja digno da ajuda divina.
- ✓ Jamais comprometa sua honestidade.
- ✓ Lembre-se das pessoas envolvidas.
- ✓ Ouça os dois lados antes de julgar.
- ✓ Procure se aconselhar com os outros.
- ✓ Defenda os ausentes.
- ✓ Seja sincero e firme.
- ✓ Desenvolva uma habilidade por ano.
- ✓ Planeje hoje o trabalho de amanhã.
- ✓ Ocupe-se enquanto espera.
- ✓ Mantenha uma atitude positiva.
- ✓ Tenha senso de humor.

- ✓ Seja organizado pessoal e profissionalmente.
- ✓ Não tenha medo dos erros – tema apenas a falta de respostas criativas, construtivas e capazes de superar estes erros.
- ✓ Facilite o sucesso dos subordinados.
- ✓ Ouça o dobro do que fala.
- ✓ Concentre todas as habilidades e todos os esforços no trabalho que tem à sua frente, sem se preocupar com o próximo emprego ou com a promoção.

Alguma dúvida de que já falamos praticamente de tudo isso? Alguma dúvida dos passos que um *Líder por amor* deve dar? Então agora é hora de iniciar esse processo, não se preocupe quanto tempo irá demorar, apenas foque em sua missão, não desanime com as curvas da vida e nem pense em desistir, pois essa não é uma opção para quem encontrou o seu verdadeiro propósito de vida, que é fazer tudo com muito AMOR.

Se eu puder desejar algo a cada um que ler estas experiências, será exatamente isto:

– Desejo Paz, Amor e Proteção. Viva sempre em busca da sua felicidade por meio desse tripé, e então construirá a sua fortaleza. Pode acreditar, todo o resto vem, pois a única certeza que podemos ter é a de que todos iremos colher, mas a escolha do que plantar é uma decisão individual e totalmente sua. Escolha bem.

Boa sorte e sucesso na lavoura!
Prof. Angelo Otavio Blóes
The End.

Referências bibliográficas

CARNEGIE, Dale. *Como fazer amigos e influenciar pessoas*. 52. ed. São Paulo: Companhia Editora Nacional, 2012.
CORTELLA, Mario Sergio. *Família: urgências e turbulências*. 1. ed. São Paulo: Cortez Editora, 2017.
CORTELLA, Mario Sergio. *Por que fazemos o que fazemos? – Aflições vitais sobre trabalho, carreira e realização*. 21. ed. São Paulo: Planeta, 2016.
COVEY, Stephen R. *Os 7 hábitos das pessoas altamente eficazes*. 61. ed. Rio de Janeiro: FranklinCovey, 2017.
COVEY, Sthephen R. *O 8º hábito: da eficácia à grandeza*. 4. ed. Rio de Janeiro: FranklinCovey, 2005.
DOUGLAS, Willian; TEIXEIRA, Rubens. *As 25 leis bíblicas do sucesso*. 1. ed. Rio de Janeiro: Sextante, 2012.
DUHIGG, Charles. *O poder do hábito*. 1 ed. São Paulo: Objetiva, 2012.
DWECK, Carol S. *Mindset: A nova psicologia do sucesso*. 1. ed. São Paulo: Objetiva, 2017.
HARARI, Yuval Noah. *Sapiens - Uma Breve História da Humanidade*. 1. ed. Porto Alegre: L&PM, 2015.
HUNTER, James C. *Como se tornar um líder servidor:* Os princípios de liderança de o monge e o executivo. 1. ed. Rio de Janeiro: Sextante, 2006
HUNTER, James C. *De volta ao mosteiro:* O monge e o executivo falam de liderança e trabalho em equipe. 1. ed. Rio de Janeiro: Sextante, 2014

HUNTER, James C. *O monge e o executivo:* Uma história sobre a essência da liderança. 1. ed. Rio de Janeiro: Sextante, 2004.

JOHNSON, Spencer. *Quem mexeu no meu queijo?* 90. ed. Rio de Janeiro: Record, 1997.

LEWIS, C.S. *Os quatro amores*. 1. ed. Rio de Janeiro: Thomas Nelson Brasil, 2017

MAGALDI, Sandro; NETO, José Salibi. *Gestão do Amanhã:* Tudo o que você precisa saber sobre gestão, inovação e liderança para vencer na 4ª Revolução Industrial. 10. ed. São Paulo: Editora Gente, 2018

MARROM, Marcelo. *Não durma antes de sonhar*. 1 ed. São Paulo: Novo Século, 2018.

ROSSI, Marcelo. *Ágape*. 1. ed. Rio de Janeiro: Principium, 2010.

ROSSI, Marcelo. *Philia:* Derrote a depressão, a ansiedade, o medo e outros problemas aplicando o Philia em todas as áreas de sua vida. 1. ed. Rio de Janeiro: Principium, 2015.

SALAMACHA, Luciano. *Stakehand:* 5 passos simples para solucionar qualquer situação no seu dia a dia!. 1. ed. IS Editora, 2017.

SCHWAB, Klaus. *A quarta revolução industrial*. 1. ed. São Paulo: Edipro, 2018.

SINEK, Simon. *Comece pelo porquê*. 1. ed. Rio de Janeiro: Sextante, 2018.

STEINER, Rudolf. *Andar, Falar, Pensar: a atividade lúdica*. 8. ed. São Paulo: Antroposofica, 2007.

TOFFLER, Alvin. *A terceira onda*. 32. ed. Rio de Janeiro: Record, 1981.

TZU, Sun. *A arte da guerra*. 1. ed. São Paulo: Novo Século, 2015.

Compartilhando propósitos e conectando pessoas
Visite nosso site e fique por dentro dos nossos lançamentos:
www.novoseculo.com.br

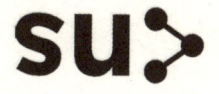

ns>

f facebook/novoseculoeditora
@ @novoseculoeditora
@NovoSeculo
novo século editora

3ª edição xxxx 2023
Fonte: Minion Pro

gruponovoseculo.com.br